소리의 근면성

문학공원 시선 116

소리의 근면성

강복연 시집

문학공원

자서

매화처럼 웃고 살다

이 책은 아무에게도 보여줄 수 없는 마음을
안테나 앞에 모아놓은 라디오의 절규입니다
저를 아끼고 사랑해주시는 임이시여
나를 북돋우고 프로그램에 어긋나지 않으려고
빠짐없이 파장을 일으키며 송곳니를 갈고 있습니다
꽂혀야 살아가는 사상가처럼 다른 이념도 존중합니다
못갈 곳이 어디 있겠습니까
그렇더라도 밝은 곳에서 살고 싶었으며
던져진 판자촌엔 가기 싫었습니다
시대를 초월한 피가 끓고 있으니
매화처럼 웃고 살아갑니다
여러 가정의 소박한 이야기를 들으며
우리도 같이 누리고 살고 싶습니다
희망나무처럼

2017년 1월 25일

강 복 연 올림

CONTENTS

1부. 지구가 우주에 서다

2부. 세탁기도 한 잔

3부. 잠잠하라, 그 순간은

4부. 빈둥지증후군

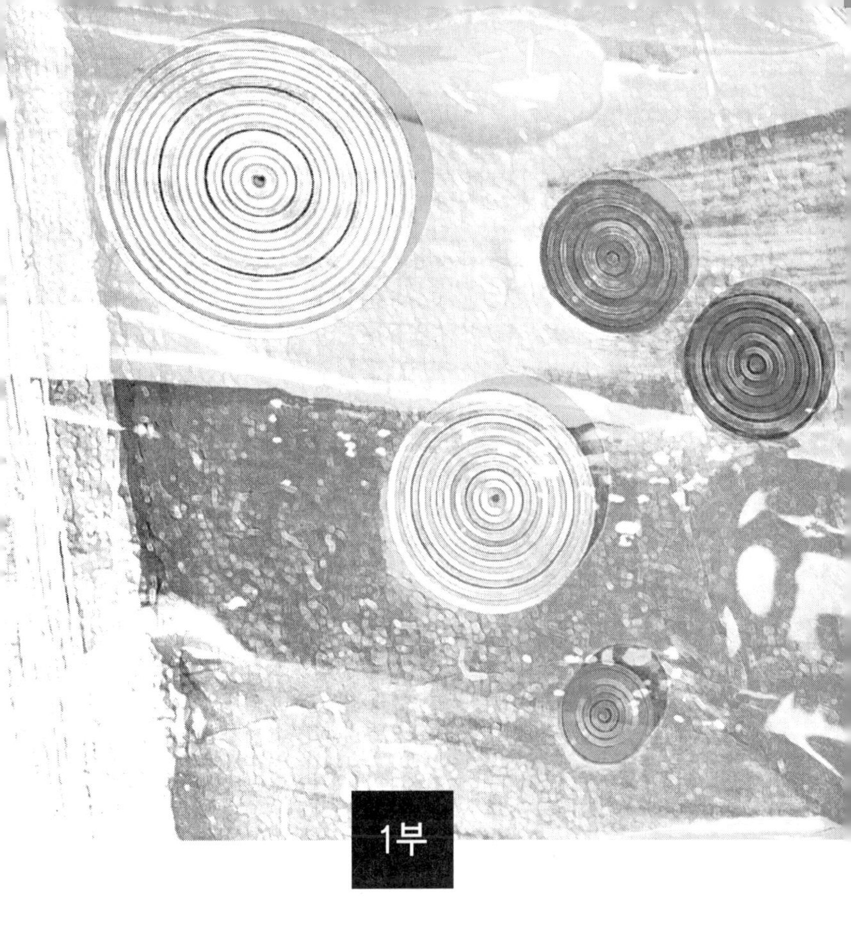

1부

지구가 우주에 서다

늪지대 풍경

양탄자와 스펀지를 깔아 놓은 것보다
부드러운 탄력으로 지층을 이루는 늪지대
천대만대 이어가도 아무 손색이 없는 포구의 숨결
조수간만의 차이에서 밀려난 어귀
다양한 생존의 감이 부른다
감수량이 화감암의 가치를 형성한다
엿쟁이가 모기 잡으러 간다
개구리 잠자리 잡으러 간다
똥오줌 못 가리는 새끼 새들도 온다
이동하던 철새들이 자리를 잡고 서로 교류한다
빛 고운 파랑작용이 운반한 야생 군무지대
청둥오리 가창오리 어디서 무얼하는고,
참매야 기러기 날아간다
아리따운 연꽃 아가씨 마음 설레는 달밤
물새떼 부푼 여행이 장관을 이루고
참게가 성채로 자란다
사방천지 갈대의 보초병이 없는 곳이 없구나
친척도 많고 천적도 많고
많고 많은 이웃인들 친구만 하랴
들품들의 날품팔이 해지는 줄 모르구나
잘 먹고 잘살아 축 늘어진 수양비들
굴곡 없이 매력이 넘치는 몸매

미나리야 물만 먹고 살았으니 밀린 물값 좀 계산해라
진딧물 살리려고 개미떼가 나서구나
멋쟁이 갈대무리 앞장서는 포병대대
날마다 밤마다 군대 장관 노릇 톡톡히 하는구나
연초롱 청초롱 다 모여도 햇초롱을 당해내라
헤엄치는 물고기에 찌푸리는 물결 이마
유대를 위한 생존은 그렇게 도전한다
금술 좋은 원앙새 부부 짝짓기 춤에 빠졌네

단원 김홍도 화백

소실점에서 담뱃대를 물고 잔설을 밟으며
단원 김홍도 화백님이
안산 중앙역이며 고잔역 사이로
폐 협궤열차 노변을 걸어 나오신다

달라진 변화며 찾기 힘든 대로변과 번지라서
오솔길이 아니라 이슬 내린 길도
아름답게 걸을 수가 없다 하신다

단원미술관을 방문하시며 깜짝 놀라신다
시대가 변하고 산천이 유수한데
지금도 사랑해주고 잊지 않아서 감사의 눈물이 흘러서
후손조차 분간하기 어렵다고 하신다

더 살다 가실 의향이 없으신지 묻자
불빛에 별빛을 분간 할 수가 없고
컴퓨터며 스마트폰이 너무 복잡해서
별로 반갑지 않다 하신다

어차피 인생은 나그네길
앞서거니 뒤서거니 따라 오라 하신다

시절에 알맞게 시대를 살다 가는 것이야 말로
현자의 할 일이라고 혈혈단신 하신다

비로봉의 상고대

오대산 정상은 차디찬 몸
겨울 가까이 더 가까이 가려했으나
털이 너무 많아서 뒷걸음질쳤네
안을 수 없는 청송처럼
쓸쓸한 충동 일으키며
서서 바라보는 이른 아침
경사진 곳에서 오래 살기가 힘들어서
줄기 넝쿨이 설악산과 함백산을
하늘 끝으로 칭칭 감아올리네
눈여겨보던 햇살이 즐거워하니
수다스러워진 산 상고대는 발열하네
하얀 털을 곧추세우면서
소중한 것에 대하여 소홀하지 않았는지 살피는 순간
세대 간의 갈등도 힘들 것 없다고 달래고 달래는 산
녹기 전에 모두 모여 비로봉의 상고대를 기억하자고
이 겨울 굳게 닫힌 문도 사랑을 담아 두드리면
축제의 새싹을 흙에서 꺼내 나누리라

한복 패션쇼 하는 날

설렌다
자식 결혼식 날
몇 년 만의 화장인가
높은 신발까지 신고
안사돈과 내가 여우가 되는 날이다
아들딸이 어떤 옷차림으로
무사히 잘 해 나가는지 걱정은 뒷전이다
이건 아닌데 하면서도 마음 추스르지 못한다
부모 자식이 눈물 잔치 하지 않아서 좋은 시대다
우리 결혼 때와 너무 달라진 연애 시대다
엄마가 엄마답지 않는 시대다
안사돈기리 자식 결혼 하객들 앞에서
한복의 정확한 곡선미로
전통 의상에 둘러싸여
한복 패션쇼하는 날

어머니 불알

올해 100세
우리 어머니 밑창에 불알이 달렸네
90세가 넘으셔도 목욕을 같이 하자고 하면
한사코 뿌리치시더니
100세가 가까우니 허락하시네
늘 할 말만 하시며
병원 가기 싫어하시던 어머니
색안경이 몰카라 살피고 살피다가
얼마나 아프냐고 묻고 물었더니
아프지 않다며
오히려 나를 위로 하시네
아기 낳고 생긴 혹이라고
담담해하시는 어머니
핑 도는 눈물을 참을 수가 없었네

이앓이

뭇 영혼이 깊이 잠든 밤에 괴로움에 우네
밤새워 전신 마사지를 해주네
혼자는 싫어서 기웃거리며
잠을 빼앗아 시장에 팔러 가네
거래처마저 잠든 밤
어둠이 애태우며 문을 두드리네
같이 태어난 형제 살았는데
넷째만 죽어가네
건강할 때 지키지 못한 후회
업그레이드 하는가
2%라도 지켜주려고 애쓴 죄가
호통을 치네

영흥도

안산을 지나 시화호를 지나
조력 발전소 다리를 지나
대부도 포도밭을 지나 여름휴가를 갔다
다리 난간의 거미줄을 걷어내며
영흥대교를 지나간다

갈매기 가까이 날아와 앉으니
옛 친구처럼 반갑다

바닷가에 여장을 풀고 텐트를 치고
라면에 김치만 먹어도 꿀맛
매실장아찌에 막걸리에 찬밥만 먹어도 배가 부르다

수경으로 밤바다를 밝히니
어둠이 헤엄치며 서서히 물러난다

게 미역 바지락을 내주며
바다는 거칠게 살아가지 말라 한다
치맛자락 펄럭이며 조심조심 살라 한다
영흥도를 빛내며 반짝거린다

안산에서 만난 친구

안산도 초창기엔 계획도시답게 반월공단과 함께 자동차 점령지대였으며
하늘과 땅도 한없이 넓어서 안산에서 만난 동갑내기 친구랑 운전면허증에 합격하여 도로연수를 다녔다

날마다 웃음꽃을 피우며 세월이 오는지 가는지도 모르고 살았다
개천 물소리 가깝고
고들빼기 민들레 쑥 망초대와 같이 안산 대지에 뿌리내렸다
그 친구 애들도 우리 애들도 이젠 어른이 되었지만
지금도 내 마음 구석구석 파고든다

미래는 몰라서 좋고
현재는 알아서 좋고
과거는 떠나서 좋지만
아직은 같은 모습이고 싶은 것을
추억마저 와르르 무너지면
우리는 정말 갈 곳이 없어지며
시간과 장소마저 기억에서 사라져
닫힌 문을 바라보면 안 되겠지

주식 펀드

집도 전답도 주인이 바뀌고
사인으로 말미암아
천의 얼굴이 함정에서 허우적거린다
욕심도 급한 성격도
짧은 끈에 대롱대롱 매달려 있다
고장 난 자동차에 불이 붙어서
도로에서 질주하며 멈추지 못한다
길이 없어 못가나
길을 몰라 못가나
구름 잔뜩 낀 하늘 아래 서서 헤맨다
저주에 꽁꽁 묶여서
벼랑 아래 내던져진 초보자
헛손질하며 물에 빠져 헤엄을 친다

옷고름

우리 딸 결혼식 날 화장을 끝내고
탈의장에서 한복으로 갈아입고 있었다
뒤따라 들어온 안사돈이 나를 보더니
옷을 뒤집어 입었다고 하셨다
내 옷 먼저 살펴 주고
옷고름도 예쁘게 묶어 주셨다
그때서야 불빛이 밝아지고
어색한 벽이 허물어졌다
아들딸이 아들딸 낳아 잘 사는 날
우리는 노래방에 같이 가서 하하하 호호호
꽉 찬 대세의 기회가 주어지리라
봉선화 가곡을 부르면 고향 친구가 되고
동갑내기 친구로 거듭나리라
더 행복해지면 해외의 바다에서
넘실대는 파도처럼 속삭이며
같이 해수욕을 즐기리라

삼계탕

모처럼 만난 딸과
삼계탕으로 점심을 먹는다
중요한 이야기는 하지 않고
딸의 몇 마디만 내 뒤에서 서성인다
서른이 넘었는데
지금도 엄마는 10대로 보이느냐고
내 비록 늙어가나
자식은 젊기를 바램한다
한낮 가로등을 보며
타다 남은 에너지를 보는 듯이
시름도 때로는
얼굴을 부드럽게 할 때가 있나 보다
한번 먹어치운 빈 그릇이 싫어
뚝배기는 먼저 일어나지 않는다

세금계산서

호흡 곤란과 거친 숨소리
서민의 둘레길
가만히 귀 기울어 봐요
벌레의 온몸에 다닥다닥 붙은 보호막이라지만
그 악보에는 높은음이 있어요
내가 파놓은 함정이지만 추락하긴 싫었습니다
집에서 세무서로
직장에서 법원으로
오라는 곳 없어도 갈 곳은 많습니다
때와 장소 가리지 않고
갈 곳 많은 하루였습니다
힘들게 자란 고아 사방팔방 배회 합니다
볼품없는 고목나무
쏙 나온 새부리가 밤낮으로 쪼아댑니다

비는 물탱크

비는 수색한다
총알대신 물을 싣고서
공평하게 나무하나 하나에 신경을 쓴다
새 힘을 주려고
새로운 노래로 목욕을 시키고
안수하며 기도해준다

윤택한 삶을 주려고
비 내리는 날 슬퍼할 아무런 이유가 없다고 하면서
의미 없이 살지 말고
물을 아껴 쓰자고 신신 당부한다
기분이 좋아야 생업에 도움이 된다고 속삭여준다

할 일 많고 갈 곳도 많지만
낭만을 충전시키려고 바위산으로 간다
용사처럼 단숨에 간다
해맑아 지면 해님에게 꼭 다녀갔다고
안부를 부탁하고 간다

지구가 우주에 서다

배꼽 잡고 웃을 일이 분명히 있을 것이다
생각이여 잠에서 깨어나라
우주에 가보지 않았으니
우주를 지구로 데려와야겠다
뚝딱뚝딱 몇 번만 내려쳐라
만화책 몇 권이면 된다
없는 게 없다 힘껏 달리자
세상도 잡고 세월도 잡자
우주를 덮어버린 나무가 있는가
봄이 움트도록
펜으로 나뭇가지를 치자
우주 산에다 산책로를 만들고
식목을 하여 후손에게 물려주자

우리만 즐기기엔
너무 아쉽지 않은가

소래포구

게 핑계 새우 핑계로 배낭 등에 메고
소래포구 향하는 내 노래 즐겁다
찬바람 먼저 달려와 내 뺨을 스치며
소래포구 애환도 가져가라 하네
갯벌 소금기에 무거워진 몸을
적응하느라 갈매기가 고생 많았네
잿빛 하늘 평행을 이루며
평범한 서민과 더불어 살려고 호흡한다
그것에 홀려서 구름다리 바닥 구멍이
몇 갠지 헤아리지 못했네
물결에 밀려나온 통통배
새로 키 재기를 해가며
바다 맛이 게 맛인데
무얼 살피느냐고 나무라네
여기 저기 모여든 인파에 침 한번 못 뱉고
망둥이 몸부림에도 흥정에만 눈먼 상인
버스도 전철도 안전으로 모실 테니
자주 오라고 귀띔해주네

미로 속에서

엉킨 실타래 풀어 보려고
명랑한 친구들이 의논 중이다
침착하게 눈비에 젖어도 좋으니 빨리 가자
세월이 재촉한다
쓰레기 같은 소용돌이 종이처럼 접어 날려 보내자
미래는 늘 곁에 있다
허물어진 늪에서 빠져 나와라
자기 자신의 문제가 문제다
딱딱 소리친다고 해결되지 않는다
발걸음이 가벼워야 노을이 아름답다
짓눌린 가슴 연륜이 알고 있다
우리 인연이 일로매진(一路邁進)해낸다
이겨내면 민첩해진다
숲이 동면하듯이 가혹한 환경만 탓하지 말고
부동액으로 겨울을 보내고 사나운 바람에도 견디자
역풍이 지나고 나면 땅속도 변화를 일으킨다
압박감을 밀어내고 자기실현으로 살아가자

사막의 선인장처럼
아름다운 꽃을 피우자

냉정한 서커스

난 차디찬 아이스크림이야
가느다란 외줄이 녹아내리지 않도록
드넓은 세상으로 나가는 거야
무아지경 속으로 헤엄을 치며
놀이터를 만들어 퍼즐을 맞추는 거야
사방에 인파에 비친 불빛에
똑바로 바라본 능력이 있는 거야
난 오색 눈보라를 몹시 좋아하지
내 세상이 될 때까지 힘껏 밟는 거야

회오리바람 쌩쌩 땅에서 하늘로 오르고
광야의 무법자처럼 푸른 꿈으로 도전할 때
내 몸은 풍선이 될 때도 있었지

낙타 발굽에 밟힌 사막처럼
푸드득 뛰는 거야

열광

열광엔 나이가 없다
집 생각이 날 리 없다
숨통이 밥통이다
끊어진 밧줄이 이어진다
동물 흉내를 내며
들짐승으로 돌변한다
사랑과 미움이
경기장 밖으로 달려 나간다
옷이 벗겨지고 찢어진다
웃음도 갈갈이 찢어진다
애쓰지 않아도 태우는
환희의 열광이 담긴 장독이 깨진다
짠물이 범벅이다
소금 같은 짠물도 단물이라 부른다
맑은 날의 흥분이 들뜬 먼지를 촉촉이 적신다

떠나야 할 나를 떠나보내고
자아를 향해 돌진한다

탈춤

탈을 쓰고도 탈바꿈 하려느냐
존재의 가치 높이려고 터득한 지혜인가

진정제 안 먹어도 진정하면 되고
수면제 안 먹어도 잠 잘 자면 되는 것을

외로우면 안기고 싶고
친구 만나면 뽐내고 싶고

해지면 어두워 못갈까
별빛이 비춰주는 것을

길 잃어 못 간다 해놓고
길에서면 멀어서 못간다 하네

머리채 움켜잡는 실체 앞에서 주저한
떨기나무 있나 없나

강아지풀

강아지풀 하늘하늘
카메라를 쥔 사내 강아지풀이
안산 고잔 벌판을 찍어댄다

풀섶에 앉은 노랑 민들레 아가씨
아무 반응이 없자
잘 찍으려고 긴장했던 행동
달달 떨던 꼬리마저 멈춰 버린다

아직도 끝나지 않은 야성
천리안을 경계하던 꼬리로
옮겨가는 해우재[1)]

아무도 깔끔 떨지 말라
어제도 오늘도 그렇게 살아 왔으면서
시원한 본능 몰라서 그러느냐

---

1) 수원시에 있는 화장실문화박물관

나만의 밤하늘

하늘도 바다도
어둠이란 큰 천으로 덮어버린 후
국제우주정거장으로 달려갈 거야
바위가 신기루 산을 만들고
오로라가 펼쳐져서
여성 가슴처럼 둔갑한 요염이
드레스 자락을 잡아 흔들며
천체를 둘러싸는
화려한 요동을 다시 보려고
폭풍우가 몰아치면 불쌍한 항해사가
발견한 별나라를 찾아서
별들이 형성될 때 최초의 포유류가
생겨난 생명체처럼
어둡게 보면 무서운 밤
동서남북으로 거대하게
꿈처럼 은하수를 본다면
영원한 신화의 블랙홀
미지 속으로 여행하는 천문대
상상도의 중심부
형성별과 은하세계
혜성이며 별똥별

유성우와 은하수가 동반한 은하의 강으로 갈 거야
오로라를 빌어 신의 영혼을 춤추게 한
좌우의 행복을 빌며
파르르 떨리므로 민감해지는
깊은 의미를 읽으며
화려한 보금자리 정착시킬 거야

가을 밤비

비 내리는 밤
홍엽을 보려고
집을 나와 홍당무나무를 보면서 산 밑으로 걸었다
가로등이 가을을 밝혀주는 밤
비에 젖은 낙엽을 주었더니 빗물이 뚝뚝 떨어진다
무게를 느낀 행동에 탈출구를 찾으며 끝끝내 버텨보려고 하며
따뜻한 내손이 싫다는 듯이 사색을 멈추고 던져버리자 웅크린다
몸살은 않겠지만 아픔은 알겠지
이런 밤은 빗소리가 자장가가 될 수 없겠지
몸가짐 마음가짐이 조심스러운 밤
바람이 알아듣는 밤
잘 가야지
몸조차 부서져버리면
비는 침묵을 꼼짝 못하게 할 수도 있겠지
흙속을 파헤치는 밤
우리 같이 흐르자
좋은 이야기를 들리게 하
비에 씻어진들 더 아름답게 빛날 수 없는 밤
헤어지지 않는다면

이 밤도 얼마든지 흡족한 밤이다
밤에도 어둡지 않은 노래가 있지
우리가 다닐 수 있는 사연이 쌓일
정든 산들이 그 자리에서
가을 詩를 떨구고 있으므로

소리의 근면성

밤잠이 들기가 무섭게
모기는 귀에다 대고 우물을 파기 시작한다
친구와 모여 한탕 놀고 마시는 노래의 달인
따끔따끔 괴고인 우물
물보다 짙어 건강해진 모기 몸매
이목구비 뚜렷하여 잘 생겼구나
밤은 언제나 모기의 찬가다
사랑은 때로 모기를 쫓아낼 궁리는 않고
감격할 때가 더 많았단다
모기와 합작한 친교를 알지 못하므로
원칙에서 벗어나는 것은 약자가 할 일

내 마음을 깨울 모기는
어디서 어디까지 생각을 풀어줄까
모기소리는 내 귀에 들리기 위해
어둠을 뚫고 지난다
이 세상 모든 소리는 내 귀에 들리기 위해
수많은 장애물을 견디며 작아진다
새소리나 물소리 총소리마저도
자신의 목소리에 근면하다

2부

세탁기도 한 잔

버섯

20년이 넘도록 보아온 안산 고잔벌판
햇빛과 바람과 비가 잘 어우러져
일주일 전부터 뿌리내리는 버섯을 본다
어느 산기슭에서 이주해 왔는지
어른버섯 아이버섯 할 것 없이
안산 시민 공원의 땅을 빼앗기 시작했다

소문을 듣고
현대판 방랑시인 김삿갓이 지나가자
아이버섯이 엄마버섯한테 달려가
"엄마! 우리와 모자가 다르게 생겼는데
저 딱딱한 모자를 쓰고 어떻게 먼 길을 다니세요?"
질문이 신기하여
현대판 방랑시인 김삿갓이 걸음을 멈춘다

늦가을 낙엽마저
촉촉한 시야를 좁혀가며
아기버섯을 물끄러미 쳐다본다

광택제

꿈도 사랑도 세월 따라 흐른다는 것은
새로운 광택제를 구하러 가는 것이다

몸 부위 부위 벽 곳곳마다
격렬한 잠재력에 윤기가 나도록

분노에도 갈등에도 칠할 곳이 얼마나 많은가
신제품으로 광택제를 몇 번 발라야 할지 머릿결에
물어 볼 일이다

바람으로 갈지 물결로 갈지
날마다 고민 할 일이다

새로운 발명에 의한 것이 터질 때 깜짝 놀라지 않도록
귀를 막으며 개척지에 보내야 할 일이다

금개구리

이 지역에서만 서식하는 금개구리[2)]
고잔 벌판 풀밭에서 홀짝 홀짝 뜀박질하며
안산을 쥐고 사는 금개구리를 발견하고 뛰어가 잡았다
날씬한 몸매와 작은 두 눈
온 몸이 금색이다

집에 오자마자 빈 물병을 하나 가지고
개천에 나와서 물을 채우고 들풀을 뜯어
우리 집 거실 창가에 두자
아들이 얼른 보내주라고 했지만 나는 싫다고 했다
새로운 재미에 물을 갈 주고
바쁜 아침 시간을 정신없이 보내고 출근을 했다
어느 날은 물속에서 헤엄쳐야 할
금개구리가 안보이고 물과 풀만 있었다
아들한테 물었더니 모른다고 했다
찾아보다가 여러 날이 지나자 까맣게 잊었다.
어느 날 오후였다
어디선가 자꾸 바스락바스락 소리가 났다

---

2) 금개구리는 몸길이가 5-6cm로 등쪽에 금색 융기선이 두줄 있어서 금줄개구리라고도 한다. 야생생물 2급으로 울음주머니가 없이 큰소리로 울지 않는 게 특징이며 산란은 5-7월 동면은 10-4월까지 한다.

미싱 밑에서 먼지를 뒤집 쓰고 기어나왔다
깨끗이 목욕을 시키고 전에 내가 잡아왔던
고잔 벌판 풀밭으로 가서 놓아주었다

"금개구리야! 잘가거라! 네 친구 네 애인 찾아가거라."
펄쩍 펄쩍 달아날 줄 알았는데
오히려 나를 빤히 쳐다보며 앉아있었다
한참 후에야 자유와 행복이 느껴졌던지
천천히 기어가는 것을 보고서야 나도 집으로 왔다
금개구리 모습이 눈에 선연하다

밤기차의 추억

와아! 야아!
밤기차를 타고 산새처럼 재잘대며
부산 해운대 태종대 송정 이기대며 자갈치시장으로 다녔고
서울 서부역에서 완행열차 타고
전라도 내장산 갈 때는 낮에는 직장에서 일하고 밤에는 빈 좌석 없이 신문지 깔고 바닥에 앉아서 밤새워 손뼉 치며 노래 부르는 노래방이었지

새벽에 도착했어도 피곤치 않았던 그 친구들 지금은 어떻게 잘 살고 있을까
서울에서 장항선 타고 가서 대천해수욕장 만리포 해수욕장으로 다니면서 해수욕도 즐기고 모래사장 들추면 조개가 많아서 잡아 민가에서 까는 체험해 가면서 삶아 먹었던 기억 잊으면 정말 안 된다

보석 상자 뚜껑 열고
황금알 꺼내 같이 나눠먹던 그 친구들 보고 싶구나
빽빽한 나무처럼 빈틈을 주지 않았던 완행열차가 사라졌듯이
추억마저 안개처럼 아련할 줄이야

어둡고 침침하고 좁은 기차 안이었지만 그때는 그것도 식을 줄 모르는 열기였지
져버린 꽃의 군락지처럼 또 다른 자태 뽐내곤 했었지

환희의 골짜기로 밤기차는 지나가고 새로운 추억을 어느 나무에다 벌레처럼 매달며 살아가고 있을까

울산바위

강원도 산으로
울산에서 바위를 옮겨온 전설을 생각하면서
바위산 위에서 다시 바위산을 오르네

산사람 몸무게 이겨 내려고
바위끼리 에워싸고 건강을 지켜가네

바위틈으로
까투리 한 마리 지저귀네
땀을 식혀주는 너그러운 산바람

얼굴은 계란형 허리는 굴렁쇠
자연스런 미로 뛰어내린 절벽의 비경

기분은 내 것이요
표정은 남의 것이라 했던가

모닥불

가평 남이섬 야유회의 밤
사방으로 둘러싸인 소나무 사이 텐트 야영장
모닥불 피워놓고 화재거리도 모닥불이었다

나무 타다 남은 불동네
동굴이며 언덕이 길들이 산이 들이
더 타지 못하고 영안을 단장하네
화려함 속에도 잿더미 같은 고민이 있네
불꽃 몸부림을 보라
튀각대는 눈시울을 보라

밤새워 기다리는 어머니 심정 전해주는 밤하늘의 별들
노래만 불러도 밤은 흘러간다
불 꺼진 창이 닫히기 전에 희망 산으로 오르자
生의 진할 넋두리는 이르다
대자연 모퉁이에서 물을 마셔야
모닥불과 귀향할 것이다

기지개를 펼 힘이 손가락 마디마디에 있다

짝사랑

어머니의 옛 정신을 지켜보는 숭고함
아! 하늘을 벗어난 흰 구름은 왜 이리 빨리 오지 않을까

어떤 벌레라도 징그럽게 만져 보고 싶은 날이다. 크기와 움직임을 관찰하는 곤충 학자처럼 비교해선 안 될 일도 비교해 보고 싶은 날이다 충실한 의지가 갖고 있는 만족도가 아닌 의구심, 짝사랑을 찾아다니는 희열에 찬 몸부림, 바위처럼 한자리에 있으면 멍청해질 것 같은데

수확이야 없겠지만 그 과정과 그 상처가 지녀온 산과 언덕에 구멍을 파고 굳어진 땅에 숨구멍을 내고 터전을 닦아 살아온 곳이기에 돌아보는 것이다 가지에서 주렁주렁 매달려 금방이라도 뿌려져버릴 것 같은 시선, 너무 가까워 눈을 감아 버리고 싶어도 분간할 수 없는 순간, 참는 것조차 잊어버리고 말아야 하나 금방이라도 찌지직거리다가 끝내는 딱딱딱 쪼개져버린다 할지라도. 날마다 밤마다 신선이 될 수는 없어. 식으면 안 될 내일을 두고 꼭 가야 하는 것일까

내가 모르는 세계가 하도 많아서. 남이야 뭐라 하건 말건 꿈과 사랑과 영원을 찾는다면 최선을 다하는 모습이 더 바람직하겠지 사치스러운 허물을 멀리 벗어던지면서 이 외침이 송두리째 흩어진다면 다시 거두어 질까

씨앗 껍질처럼…

덕유산

해발 1,507m 덕유산 겨울산행을 한다
겨울은 종주산행이 따뜻한 에너지다
편하고 느린 산행보다
당혹감이 없는 산이야 말로 완전한 산이다
악산을 만나도 잠재울 차림으로
호기심이여! 초심이여!
악천후를 헤쳐라
눈이 내려 새로운 산
눈이 내리니 마음이 깨끗해진다
잠깐 멈춰 서서 하늘 축복 받을 지어다
나뭇가지 흔들지 마라
눈꽃이 흔들리면 마음이 어지럽다
눈빛 거울은 많은 겨울을 생산한다

만남이 쌓인 산
슬픔을 씻은 산

산(山) 훈련소

지금이 가장 살기 좋은 것을
동물들은 모르리라
험한 산을 넘고 경사진 능선을 따라
만나는 굴곡과 계곡
야생을 키워준 늠름한 산
눈 싸라기가 겨울 식량이었다면
동물의 왕국을 살았을까
비대증이 장애가 되어
민첩한 행동이 불가능하고
생명의 근원인 물을 찾아 나서지 않았을 것이다
조화와 진화는 순응에만 있을 수 없고
창조의 능력이란
돌진하는 연습과 훈련에 생겨나는 것이다
척추의 놀라운 탄생이란다

휘파람새

상처 받는 일없이 잘살아보려고 몸부림치는구나
노래인지 울음인지 모르지만
해결하지 못한 것으로 인해 서러워하지 않으려고
연관성이 없는 일이란 없는 법
입안에 물집이 생기면 어쩌려고 그러느냐
벌레조차 잡아먹을 시간이 없겠구나
징그럽게 생각하는 끼니로 먹고 사는 것을 보니
남의집살이는 몹시 싫었나 보다
깃털로 이뤄진 새벽하늘
발자국 소리에 멈춰버린 밤이슬
그 갈증에 오도 가도 못하는 약수터
산자락 균형을 맞추는 달인의 의지력
연민의 나무가 쑥쑥 자라나고 있구나
어지러운 바람을 쓰다듬는 여운
이세상과 저세상을 하나로 이어 가려고 가볍고
명랑한 즐거움으로 무지갯빛 역력한 햇빛마저
진화를 멈추고 동요하는가
구구한 변론은 중요하지 않으며
반짝이는 희망이 있을 뿐이니
숲속 깊이 들어가려는 꿈을 전하며
옳은 길 의의 길을 향해하는 고요한 마음
따뜻한 체온을 날려 보낸다

소낙비

닫혀 있는 문을
유난히도 열려고 한다
약국이 개업한 날 낯선 발길에 차여서
서러움도 길바닥에 쓰러진다
밤새 잠을 깨우며 불편해던 체증이
한순간에 사라진다
화원에는 흙이 손을 씻고
씨앗을 매만진다
들풀과 나무들이 더 높다 가라고
간절히 부르고 있다
속내 드러낸
흰 구름 찾아서
소낙비는 제 할 일만 묵묵히 할 뿐이다
몇 마디라도 더 남기려고 땀을 흘리며
더위를 씻어내린다

손두부 · 1

두부를 살까 말까 하다가
그냥 집으로 왔다 잠이 들었다
잠결에 전화를 받았더니
딸의 시어머니가 엄마 갔다 드리라고
손두부를 주셨다고 했다

"이게 웬 떡이냐."
키도 크고 허리도 굵고 이마도 넓고
체격 좋은 손두부
뚱뚱보면 어떠냐
S라인이 아니면 어떠냐
사돈을 보는 것 같아서
반가운 손두부

간혈천이 우리 집으로 들어왔다

세탁기도 한 잔

당신은 오늘도 곤드레만드레 여보다
오른손에 과자 음료수 우유
왼손엔 소주 6병
신랑이 옆 눈 파는 사이
아내는 소주병을
세탁기 빨랫감 사이에 감춰버렸다
화낸다고 여자의 일생이 달라지랴
깜박 잊고 돌린 세탁기가
덜커덩덜커덩 한다
옷 사이사이 유리 파편
세탁기 구석구석에도 박혀
별이 빛나는 밤이다
잠든 어린 장남을 깨워서 해결 방법을 묻는다
“엄마 걱정 하지 마세요. 제가 처리할 게요”
청소기를 들고 오더니
면도질을 하며 헤헤헤 웃으며
관심을 닦아낸다

쥐의 생사

어느 날 쥐 한 마리가 집에 들어와
거실로 방으로 화장실로 돌아다녔다
대문을 열어주어도 나갈 생각을 않고
오히려 빤히 쳐다보기에 쫓아버리면
쫓기는 신세에 "양양 용용"이다
쥐가 겁을 주는 것 같아서
혐오감이 온 데 간 데 없어졌다.
우리도 서로 신경전이다

며칠이 지나갔다
아들이 빈 통에다 멸치 몇 마리를 뿌려놓고
쓰레기를 덮어놓았다
며칠 유혹을 못 이겨
쥐가 그 통에 들어가 바스락거렸다
뚜껑을 닫고 보니
쥐의 생사가 우리에게 있었다

낯선 아들

엘리베이터를 탔다
뒤이어 초등학생 쯤 된 아들을 데리고
다른 아주머니가 탔다
그 아들은 옷 차람이 코트에다
머리는 곱슬이고 얼굴은 약간 길다
나를 쳐다보더니 다가와
싱글벙글 웃으며 내 손을 잡는다

내가 따라 웃자
"아줌마! 몇 살이에요?"
"10살"
"나는 7살인데"
초등학교 때 성장판이 멈춘 나는
그 아들이 얄밉지 않았다

그 옆에 내 아들이 있었더라면
어떤 표정이었으며
따라 웃었을까 생각하며 혼자 멋쩍었다

석화

지혜로 달인이 되게 했으며
검은 시름이 사유재산이었다
통증도 염증도 꼼짝 마라
터져 나온 맵시가 진실
온몸이 시원하다

충실한 삶이
가족으로부터 받는 합격 점수
처진 어깨가 올라간다

껍질이 알맹이에서 떠나기 싫어할 때
거칠던 고달픔도 숙연해지고
플랑크톤이 입안에서 녹록해진다

어리굴젓은 일주일이면 완성
어느 계절보다 숙성기간이 짧다

체중

쪼아 먹어라
정신없이 먹어 치워라
체중은 생각지도 않던 일말의 고통

시원시원한 체격
건장한 어깨
사고력과 판단력으로
나란히 나란히 걷던 그날을 벌써 잊었니
찾아온 고향역에서 이렇게 시간을 허비해서야 될 말인가

기분에 따라서 답답할 때도 있었지
수입과 지출과 아무 관련 없겠지
신호등을 지키자
휴식도 취하자
관리감독을 잘해야지

반사경

험산 위한 반사경
어떻게 맞춰질까
돌 틈에 박힌 역경
틈틈이 확대되네

미시령 추풍령 대관령
세찬 눈보라 못 잊어
생각할 여유가 없었네

산허리 움츠리면 날짜가 지나가고
다음날 올라 만나볼 일이다
걸터앉은 바위마다 권태기 뿌리치고
오고가며 힘찬 용맹 나눠볼 일이다

스스로 에너지를 채워라
산에서 부르던 노래
활력을 마시는 노래를 부르자

횡재

수은주가 −18도로 내려갔습니다
칼바람 얼음바람에 귀가 떨어질 것 같습니다
퇴근길에 시내버스 타려고 걸었습니다
버스 정류장이 바라보였지만
신호등에 딱 걸렸습니다
하필이면 지금 버스가 지나갈까
차라리 안 볼 때 지나가지
잡생각에 유쾌하지 않았는데
뒤에 온 젊은 여자가 달려가자
버스가 멈춰서고 타는 것을 보고
그때야 뛰었습니다
버스 옆구리를 쾅쾅 치자
움직이던 버스가 멈췄습니다
웬 횡재냐 싶어서 기사님께 몇 번이고
"감사합니다 감사합니다"를 굽신거렸습니다

앉은뱅이 눈

설국에만 살았으니 눈높이가 이만저만
살금살금 소나무에 앉으려니
따뜻한 입가에 수줍음이 한없이 흐르네
부담스러울까 봐 사르르
젊은 청춘 밟을까 봐 사르르 사르르

병충해 막아주는 하나님 특효약이라
먼저 보낸 바람에게 사정도 했겠만
차가운 안식처 한 번 마련해주지 않았네
하늘 문 열린 날 눈으로 찾았더니
수려하고 높은 산은 강원도라네

그림만 그려서 충족할 수 없는 세상
예술 총괄 자신만만 방방곡곡 다 다녀도
해변에서 깜짝쇼만 하고 가라하네
환영할 곳 어딘지
겨울 소나무는 알고 있으리라

소태나무

오랜만에 만난 친구랑
어린 단종 임금님이 사신 공원으로 놀러갔다가
소태나무를 알게 되었다
새들은 인간이 못 먹는 소태나무 잎을 먹고 사네
그러니 새들도 입 근육 운동력 뛰어나고
질 좋은 산소 호흡하며 건강관리 잘하네
옆에 있는 고목나무 땅으로 굽어 인사하며
벌들의 역사를 말해주네

왕거미도 지지 않으려고
화방을 짓고 자연법칙을 널리 알리네

사람이 못 먹는 소태나무는 죽는 날까지
벌레의 천국이네

여행자의 기도

무슨 연습이 필요합니까
뿌리 내려서 살아간다면

소중한 보물도
심연의 눈물보다 빛날 수 없고

풀잎의 이슬처럼
아름다울 수 있다면

고달픈 검음 걸음
이길 수 있는 것을

물 공기 토양에서 기쁨이 불끈불끈 솟아오르니
열망의 강을 흘러갑니다

안목의 달인을 키워주는 것이
어디 한두 가지만 있겠습니까

절단

썩어가는 부위 잘라내야 한단다
살리고 싶은 설렘이 두근댄다
남은 수술이라 부르지만
난 절단이라 부르고 싶다
턱없이 부족한 시간
계산이 갈팡질팡
희망과 용기에게도 빨리 알려야 한다
두 갈래 갈림길에서
서로 눈치만 살핀다
찌르고 찔리는 순간마다 혼돈이다
한쪽은 찾을 수 없는 남의 땅
경제 전쟁에서 견뎌야 하는 말이
쾅쾅 울린다
답답하긴 마찬가지 보고 듣고 느낀
기도에는 불이익이 안 오겠지
눈물의 색깔이 처음으로 빨간 장미꽃으로 보인다
먹다 남긴 음식 같은 추억

안산 문학의 밤

2016년 12월 10일 오후 5시
신안산대학교 국제교육관 국제홀
안산 문인협회 안산지부에서 주최하는 축제장
안산문인협회 진도문인협회 풀잎문학회가
모인 안산문학 출판 기념회와 성호문학상 및
신인상 시상식이 있었다
아는 사람이 많이 생긴다는 것은 기쁨이다
바이올린 연주와 기타 연주 노래와 시낭송은
시인의 밤을 밝혀주었다
우리 일행이 앉아 있는 탁자 저편 일행과
함께 앉아 있는 한 남자
20년 전에 만남과 모임을 같이했던 김기석 시인이었다
한참 시간이 흐른 후 인사를 하자
나를 기억하고 있었다
수리산에서 가을 등산을 하던 여러 동료는 떠나고
세월의 파고에 밀려와
'만남' 노래를 다 함께 부르는 밤
늦은 저녁을 같이 먹고 따뜻한 식혜를
마시고 귀가하는
安山文學에는 별망성의 숨결이 있다

안산은 날마다 축제

안산천을 자전거를 달리면
햇빛처럼 반짝이는 30년 고향이 있습니다
물반지 낀 물고기가 물이 좋아 춤춥니다

텃새인 참새는 친구들을 데리고 찾아와
줄지어 정답게 살아갑니다

바람 불면 갈대는 소곤소곤 속삭입니다
때로는 가위바위보 하면서 왁자지껄

안산문화광장에는
배롱나무 빨간 입술이
시민의 땀방울 입맞춤 합니다

수인선 폐 협궤열차 노변에는
금개구리와 연꽃 서식지가 있습니다
오리 가족이 헤엄치며 분주합니다

고잔 벌판 잠자리 날개가 무지갯빛 가을을 펼치면
전철 4호선 구절초 화사한 향연에
달빛이 덩달아 눈웃음칩니다

협력은 무게가 아니다

전단지를 떼면서 먹고 살고
전단지를 부치며 생계유지 하는 사람
가벼운 무게 무거운 무게
어지러워도 나무랄 수 없는 길거리에서 벽에서
딱지치기하기 힘들자
바람이 달려와 도와주려고 애쓴다
말을 시켜보다가 내용을 읽어보다가
먼지만 스치자 다시 떠난다
좌절은 없다
매출이 늘어나기 바라는 밤낮이 고아다
땅에 떨어지지 못한 사회가 조바심하며
열린 가게로 거침없이 들어간다
근거리 원거리를 한 아름 안고

3부

잠잠하라, 그 순간은

손두부 · 2

왁자지껄
우리 동네가 모였어요
손두부 만드는 행복한 시간

첫 만남에도 시와 노래 부르며
어색하지 않았어요
둥글게 둥글게 살아가라 하시던
모나지 않은 어머니 말씀이 문득 생각났어요

네모난 두부보다 더 고소한 맛
어머니 손두부는 늘 둥글었어요
액체가 고체가 흐르는 기쁨으로

손두부 안에는
햇빛과 바람과 물이
잘 어우러져 있습니다

땅은 경계선이 없다

자전거가 펑크가 나서 걷기로 했다
집으로 걸었지만 같은 거리가 아닌 것 같다
휑하니 지나가는 어느 아버지와 아들 자전거가 정답게 보인다
모르는 사람의 행복이 전해진다
상대방은 내게 관심이 없겠지만 나는 보고 또 본다
내게 마음의 여유가 생겼다
넓은 땅이 궁금해졌으며 걷고 있는 자신에 도전한다
달려가지 않아도 겨울을 보내는 비결로
생명은 흙처럼 따뜻하게 받아준다
지혜와 깊이가 천천히 가도 된다고 알려준다
혼자인 듯 혼자가 아닌 걸음걸이로
지나온 발자국도 밀려난 것이 아니라고
일정한 음절처럼 뒤편에 서서
다시 걷게 하는 겨울나무를 스승으로 모신다

잠

피곤하고 고달픈 몸을 짐짝처럼 이끌고
집으로 돌아올 때면 편안하게 쉬게 해서
휘파람이라도 불어주고 싶은 밤

몸이 녹초가 되어 잠들 때는
꿈조차 끼어들 틈을 주지 않아서
이 세상인지 저 세상인지 분간이 안가고
시간을 허비하게 하는 밤

어느 때는 잠을 너무 많이 잤으니
빨리 일어나서 못 다한 일을 하라고
일러주고 재촉하며
새벽길로 나서게 하는 밤

잠 축복 받은 것도 감사라 기도해서인지
전철에서도 벤치에서도
잠을 안 자려고 애쓰면 하는 일 멈추고
잠부터 자라고 집으로 보내주지 않는다

컴맹도 별 수 없었다

남들은 컴퓨터를 하려고 발광치는데
나는 컴퓨터를 안 하려고 발광을 친다
안 해도 되는 단점만 차렷 경례를 하며
나를 격려해준다

시력 핑계 돋보기 핑계 변명도 가지가지
손글씨 달인이 개미떼처럼 기어 다녔지만
시대의 변화를 피해가진 못 한다
시공부 취미는 꿀맛인데
홈피에 올리세요, 찾으면 됩니다

초등학교시절 배운 ㄱ, ㄴ, ㄷ이 나타나
다시 내손을 붙잡네
Shift가 정신을 차리게 하더니
수비고 쉬운 Spacebar가
내 손을 쉬게 할 줄이야

건강한 100세

감기 몸살 심하게 앓으시던 어머니
갑자기 화장실로 직행
똥오줌을 눈물처럼 콧물처럼 흘리며 걸어서 들어가신다
옷 갈아입은 지 한 시간도 안 되었으니 몇 탕이나 하실 런지
하도 안 나오셔서
주말이라 회사에서 일찍 퇴근한 우리 집 장남은 오른 팔을
나는 왼팔을 부축하자
아프니까 놓으라고 해서 놓았더니
화장실 바닥에 주저앉아버리신다
시간이 흘러가도 앉아만 계셨다
사육하는 원숭이처럼
사랑도 자유도 체념한 듯이
슬픈 눈으로 나를 빤히 쳐다보고 계셔서
일어나지 않으면 안 된다고 하자
한사코 거절하신다
여동생을 불러서 합심해도 안 될 경우
병원으로 모실 생각으로 전화를 걸어봤더니
혼자 벌떡 일어나 거실에 나와서

팔다리를 심하게 떨고서 계셨다
스스로 알아 하시기엔 힘든 어머니의 걸음걸이
하루 이틀이 지나가자 예전처럼 회전의자에 앉아계셔서
"괜찮으세요? 밥 좀 드셔야지요"
"밥은 싫다 물이나 줘"
"물만 드시면 기운이 점점 빠져요. 밥을 드셔야지요"
"걱정 할 것 없다. 정신이 없어지면 화장실 바닥에 가서 앉아 있으면 된다?"
가볍고 작은 내 홑이불과 바꿔 덮고 잤더니
"너는 네 이불도 몰라?" 하시더니
"내 이불과 바꿔놓고 그렇게도 정신이 없나"

한줄기 빛처럼 당당한 어머니

해변에서 만나자

고장 난 냉동실에서 얼음 잡채를 꺼내
그대로 두었다가 뚜껑을 열자
당면은 벌써 파마를 하고
검은 눈을 깜빡이는 석이버섯은
나를 외면하고 양파는 이미 허리가 굽었고
양념 맛을 살려내려고
약간 덜 볶아진 당근은 콧날을 세워
친구 만나 수다 떨 때까지 자기 관리에 열중이다
시금치는 갈지(之)자로 앉아있자니
몹시 지루했는지 장삼자락 입었다 벗었다
그래도 못마땅한지 만신창이다
심장마다 기름얼룩
배가 더 고파야
음식 맛이 제대로 살아날 터

모기 침

외딴 곳이라 밤마다 도둑이 많아서
밤이 오면 불확실한 잠자리의 치안을 위해서
모기 경비원을 채용했더니
어둠을 틈타 활동도 잘하네

눈이 야행성으로 빛나더니
낮의 빛을 꺾었네
밤이 깊어지자 피 냄새 솔솔
인적이 드문 밤 맹공을 퍼붓네

지각이 흐려지자 주민인지 도둑인지
분별하기 힘들어 지네
힘차게 날아오르니 잡힐 리가 없네

잘 가꾼 외모에 한방씩
산에서 채취한 특효약 침이라네

진흙 축구

마그네 미술관에서 쏟아져 나온 사람들이
화산과 빙하의 나라 아이슬란드에서
진흙축제 경기를 보려고 모여 들었다
태어나 같이 살아온 진흙
넘어지면 엉덩이와 등에다가 진흙 옷을 입힌다
일어나자 신발은 행방불명
져도 다치지 않아서 균형이 잡힌다
퍼핀[3])도 관람하려고 기웃거린다
음악가의 방안에 있는 미술품처럼
물살이 지나간 바위 이끼처럼
풍화작용 역사를 둘러싼 꽃잎
부담감 긴장감을 삭인 진흙탕
추남시절이 지나가고 나면
미남 시절이 다가오는 나라

---

3) 퍼핀 : 바다 오리과 새 수심 30m까지 내려가 먹이를 사냥함

서툰 예찬

대자연도 세월과 함께 살아가고
허공을 휘저어보는 구름 조각들
어둠은 밤을 밀고 당기며 줄넘기하다가
그것마저 지루하여 잠잠해졌다

하늘은 여전히 계절과 상관없이
개방을 부추겨 가슴을 열고
수평선 지평선 다 끌어 모아
이것이 긴 사다리니 올라타라 손짓하네

바닷물이 밀려나면 바지락 밭이 되고
강물이 흘러가면 돌이 움직이니
기술 융합은 쉴 새 없이 길을 열어준다
연극만 공연인가 수확을 외면하랴
명예만 자랑인가 명언을 남겼느냐
질주만 과학인가 건강으로 앞서가자

북어대가리

찢어발긴 입만으로 햇살을 머금고
즐거울 수 없는 몸값으로 팔려 다녔어도
짝 잃고 친구 잃어도
물 위에 둥둥 떠오르는 특권이 허락되었네

검푸른 바다 모퉁이보다 더 나아질까 기대하며
어느 집 부엌에서 맞장구를 쳐가며
얼굴로 진액을 짜내어
팽팽한 연습은 계속되어 끝날 줄 모르고

담쌓기 집짓기하는 항만을 따르며
밥상차지 그릇차지 종류도 제각각
버림받지 않으려고 마지막 순간까지
그 주인 섬기기로 결심해보았네

내일도 모레도
오늘처럼 변함없이 살고 싶어라

황혼의 길손, 자전거

나를 싣고 다니느라고
허리가 참 많이 굽었구나
급브레이크 늦을 때면 굳센 정신 발휘하여
나보다 먼저 넘어져서 헌신해주었지
따르릉 따르릉 낯익은 목소리
뼈마디마디 상처가 나고 얼굴이 말이 아니구나
2016년 안산천변은 유난히도 무더웠지
페달도 적막에서 뻗어 나는 거야 신나게
짐 싣고 다니느라 정말 고생 많았어
헌옷이 새 옷보다 더 편하다고 하듯이
10년이 넘었지만 편해서 좋구나

감자 산

감자를 채 썰어 볶다 말고
끌어 모아 세운 감자 산
덤성덤성 쓸어놓은 대파로
풀포기 심고
풋고추 마늘 양파 당근으로 모종을 했다

통깨 점박이 모자를 쓴
우리 집 수저는
감자 산으로 등산 중이다

잠잠하라, 그 순간은

잠이 눈을 못 뜨게 하고 잠들면 지나가는 무서운 눈
곱게 내려앉는 별빛 사이로 흐르는 어둠은
심연을 파고들더니 어느새 사람의 마음을 낚아챈다
짐승들에게만 긴 꼬리가 달렸던가
멍청한 나래 접지 않으면 엉켜버리는
바닷가의 생선 비린내는 어쩌고
밤마다 들려오는 발자국 소리 듣지 않아서 다행
그래도 멀어질 수 없는 눈빛은 여전하니
머리 손질이라도 흉측하게 했더라면
만족한 상상력은 아니었으리라
생애가 내 방식대로가 아니었더라면 더 심할
불만이 울컥울컥 목구멍에 남지 않았을 텐데
타인처럼 나를 지나가도 될 것을
치열한 궁리하지 않아도 좋은 날이니까
이제 와서 내 할 말 남기라고 한다면
유목민처럼 새삼스럽게 들릴 수밖에

뚱딴지

땅을 파자 호미에 쫓겨나는
못난이들

땅 밑은 얽혀도 좋다
땅위는 뿌리가 없어 싫다

빛을 캐내면
눈을 뜰 수가 없는 진리를

깨끗하고 밝으면 뭐하니
따뜻한 잠자리가 체온이다

내 집에 묻혔을 때
내 몸인 것을

목고개 허리 굽혀야 산다
마르면 소용없다 습기를 돌려다오

말린 어포

소문난 잔치에 먹을 것 없다지만
먹어본 입맛이 찾아내는 향기

어둡기 전에 거두자
많을수록 진미다 할 일에 만족하자

바람이 불어온다
겨울옷을 입히자

때리면 때릴수록 부드러워지는
북어의 살점

해풍에 말려서 수확한
바다의 육질

껍질을 쌀가루에 버무려서
쪄서 먹는 담백한 파도

계획

참새의 목욕탕이면 어떠한가
씻자 닦자 외워야 할 이름이 남아있다
빽빽한 나무의 가슴은 울창하여
햇빛을 조절하여 뿌리를 만들기에 바쁘다
인기척에 놀라는 달팽이 되지 말고
갈 곳을 정하지 못한 해파리 되지 말고
단숨에 최초와 최후를 어깨에 메고
왼발과 오른발 조심조심 살펴야 할 때다

선 자리 앉고
앉은 자리 서며
편한 길 찾아가자
미래도 과거처럼 압축하여
함께 반죽하면 어떤가

젊음은 단맛 노년은 쓴맛

감자범벅을 만들면서
으깬 계란 넣고 깨소금 뿌려
어머니가 좋아하시는 김칫국물 넣어
기침 예방약 은행 알맹이는 곱게 빻아
목마르지 않게 멸치 다시마 육수를 찔끔찔끔 붓고
"맛있게 잡수세요" 했더니 대뜸 화부터 내신다
어디서 이렇게 맛없는 거 가져왔느냐
왠 된장을 퍼왔느냐고 하신다
음식 안 가리시던 젊은 시절은 어디 두고
이런 삶이 싫으신가요
무상한 세월이 눈에 보여서야
인생은 멈추지 않고 전진해야 하는데

설사

가난한 단칸방에
소낙비 내린다

일기예보가 정확한가

이 걱정 저 걱정 내려놓으면
자연히 대청소 되는 날

여름에는
펄펄 끓는 찌개가 반갑지 않건만

네 탓 내 탓을
한꺼번에 내려놓는 날

식단 짜 온 요리에
잡식 닭부리가 있었네

내 다리 아픈 다리

내 몸을 차 버리고 어디로 가려는 것인가
내가 정신 차릴 때까지 더 참아주지 그러니
“주인님! 주인님! 제발 쉬어 주십시오”
그 말만은 보류해 주렴
놀고먹고 싶지 않단다
아직은 힘들어도 아파도 걸어야 해
살기 위한 내 다리가 퉁퉁 부어 있잖아
먹다 남은 오징어다리를 핸드백에서 채 꺼내기도 전에
치료비가 올라 버렸잖아
나를 응원해 주던 여동생마저 다리가 불편해서
참석하지 못한다고 연락이 왔네
내가 오르려고 하면 계단이 기울어지고
과체중이 눈치만 보네

아침에 생긴 병인지 저녁에 생긴 병인지 모르지만
하소연이 지쳐간다 침이 말라간다

동물의 왕국

도울의 왕국은 어른들의 놀이터
물살 속에다 먹잇감을 감춘 곳
새끼를 돌보는 어미의 모성애
생사가 오고가고
야성으로 이성을 드려낸다

세상에서 날마다 비를 맞으며
빚더미에 슬픈 낯선 만남만 이어진다
어디서 누구의 밤이 될지 내일을 모르는 일이라
오늘의 만찬은 항상 기쁘다 즐겁다
중력의 흔적이 우주를 점령하면
이론이 녹아 재생된다
내 죄가 네 죄가 될 수 없다
죄를 씹듯이 밥을 먹는다
아버지와 어머니와 내가 같지 죽지 않으려면
이성을 참고 야성을 드러내야만 한다

일그러진 자화상

호수에 돌을 던졌더니
내 얼굴이 복사꽃처럼 피어나더니
파문은 술래가 되었다네
숨기 위한 언니는
내 마음을 알아주었지
여름과 가을 사이의 꽃들은
허약한 체질을 이겨내야 하나 보다
말을 할 수도 손을 잡을 수도 없는 언니는
끈질긴 인연을 싫어했으며
호수 위로 헤엄쳐서 바람을 따라간다
바람은 술래의 옷자락을 흔들어 뺑뺑이 돌리고
비밀스럽게 살지 못하도록
경계를 허물고 유유히 사라진다

물고기 사냥

비린내를 실은 모래 폭풍이 불어와도
절벽이 막아준다
생존의 보람이 날개를 펼친다
생명은 물을 길러 나르기 위해
도곤족4) 마을을
턱밑의 수염처럼 기적으로 살아나게 했다
단 15분만 진흙 물고기 축제가 허락되어
얼굴과 가슴과 어깨가
4천명의 남자들을 흔드는 대장장이의 종소리
안토로 호수로 통발을 쥐고 뛴다
축제로 물고기를 공평하게 나눠가지는 축복에 있다

물고기는 아기고 물결을 잡아라
후손을 위하여

---

4) 아프카 말리의 한 부족

4부

빈둥지증후군

물에 뜬 세상

강물에 비친 실물이 한결 같아
똑같은 세상을 소유한다
내가 빠지면 빠지고 내가 멈추면 멈추고
물거울은 납작코 물구나무만 좋아한다
중심축이 없어 뒤집혀진 몸
무서움도 없고 외로움도 없어
거꾸로 가는 만유인력을 적용하네
어릴 때는 그게 신기했으나
지금은 비누 꽃을 보았는지
의문마저 쉼표가 되었구나

국제전화입니다

독일간 아들을 따라 다니다가
귀걸이 달랑달랑 흔들며 돌아온다
인간 품으로 안기고 싶은
태양광 속 식물이 파릇파릇 돋았네
지구촌을 통과한 새 한 마리
목소리 한번 명랑하다
음식이 달라도 밥이나 먹었는지
일꾼들은 개척지로 뿔뿔이 매출을 늘리고
있는 동안 구름다리는 줄넘기를 한다
길은 막힌 시야가 전부다
안 보이는 길은 없는 길처럼 장애물 많으나
거미는 섬세하여
허공중에 대왕처럼 걸터앉았다

영덕 게

영덕 게 한 마리에
온 식구 다리가 매달렸네
할아버지 다리 할머니 다리
아버지 다리 어머니 다리
아들 다리 딸 다리
손자 다리 손녀 다리
게 등짝 긁었더니
내 등짝 시원하네
게 다리 먹었더니
내 다리 통통하네

김장하는 날

빨간 화장 짙게 바르고
겹겹이 치마 입은 배추처녀가
수많은 사람들 축복을 받으며
무 총각에게 시집가는 날

젓갈에 밴 옷깃에서
어머니 웃음소리 들린다

김장! 예나 지금이나
이웃 나눔 실천을 집안내력으로 알고
대대손손을 기억하게 하는 날

삶은 피땅콩

누에고치를 집어 들었다
집 절반이 부서지도록 비틀고 꼬집어도
실크는 나오지 않고
어머니의 두 손과 내 두 손이 나왔다
물을 마셔 부어오른
두 아이를 구출해서 집으로 데리고 왔다
해마다 그렇듯 난민은
하늘도 땅도 햇빛도 바람도 눈에 들어오지 않는다
슬픔과 불안에 싸여 죽음이 두렵지 않았으며
잘살고 편히 잠잘 수 있는 집
추운 겨울이 와도 따뜻하게 지낼 수 있는
사랑의 손길을 찾아 해맨 것이다

땅콩네 집은 가난을 모르는 집이다

콩나물

물만 마시고 살아왔어도 고개 빳빳이 들고 살았다
가난한 환경 탓 한 번도 안하고 살았다
넓은 방보다 좁은 방이 더 따뜻하다는 걸 안다
가정마다 사람마다 보여준 그 정성 받아들여
쭈욱쭈욱 다리 뻗고 잠잘 수 있었다

석학들이 모인 연구원도 차리고
콩나물 뿌리로 거미줄 만들고
좌뇌 줄줄줄 우뇌 술술술 로봇 만들어서
그네 타고 제기차기 하련다

불암산

해발 508미터 불암산을 오를 때
시산 회원들의 손톱과 발톱이
넓은 바위 이마에 쏙쏙 파고든다
나무에 붙은 매미처럼 매달린다
자일이 없어 스틱 하나로 끌어주고 당기면서

오늘 따라 바위가 왜 절벽으로 보이는지
바위가 왜 수직으로 보이는지
용기와 의지가 콸콸콸 약숫물처럼 흘러나와
온몸의 땀을 깨끗이 씻어준다

앞으로 앞으로
하늘로 하늘로

물향기수목원에서

오산대 전철역에 모인 시산 가족들
물향기수목원으로 걸어갈 때
화기애애한 분위기에 밀려
한여름 무더위도 싹 비켜난다

시산 편집국장님께
나무 이름을 공부해가며
시산 가족 글이 나무처럼 서 있다
나무 구름다리 위에서
낙우송 푸른 열매 앞에서
각자의 품으로 기념촬영을 하고
나이테로 보는 한국사 300년이며
양치 식물원 안에서며
규화목의 움푹 파인 모양새며
많이 보는 것만큼 더 많이 채워간다

숲속으로 난 꽃길에 잠시 길을 잃었는데
등나무는 왼쪽으로 칡넝쿨은 오른쪽으로
몸끼리 서로 부둥켜안고 살아간단다
아! 나는 어느 방향의 쳇바퀴 인생을 돌고 있을까

산의 생존전략

힘센 산은
바위와 함께 살아가고

힘이 약한 산은
흙과 함께 살아간다

소나무 할아버지 생신

유난히도 가물어서 깡말라버린 몸이지만
300세 생신을 맞은 소나무 할아버지가
이웃에게 초청장을 보냈다

노래는 온갖 새들에게
무대 춤은 바람에게 부탁하고
선물 보따리는 구름에다 맡기고
고급 잔치 술은 노을에게 부탁한 후
곤충들을 불러 모아 기상예보도 알아보았다
소낙비에게 목욕을 예약해 놓았다
초대장을 받은 시감과 세월은
행여 늦을까 봐 바쁘게 움직였다
사물을 열정적으로 관찰하지 않으면
솔방울 눈으로 보고 있다가
누구든지 솔잎 침으로 찔러 버린다고
단단히 일러 놓았다
젊은 시절 한방 의사였던 소나무 할아버지는
뒷목 발치에 종기가 나 찾아온 친구 떡갈나무한테
송진과 참기름을 넣어 보글보글 끓여 발라서
깨끗이 낫게 해주었다고 제 자랑만 늘어놓고 있다

팽이치기

남산 타워가 바라다 보이는 서울 남산공원 한옥마을
팽이치기 공간 앞에서 멈춰 선 발길
잠자는 팽이를 깨워 채찍을 치니 생기가 넘쳐나
자리를 옮겨가며 수많은 원을 그린다
맞아야 정신을 차리는 산 교육장
동심이 눈덩이처럼 불어나 같이 돌아간다
오늘 우리가 없었다면
팽이의 하루는 또 얼마나 지루했을까
신명난 팽이
승리의 매질에 몸을 맡기네

사랑을 맡기네

꽃집

흙으로 화분으로 스며든 지렁이의 물 한 모금
포장지 속의 그 여인은 바다에서 뱃노래를 부른다
세상은 질그릇 안이라
아이들의 구슬이 이슬처럼 굴러다니기 힘들다
창 너머 어른들은 언제나 흥청망청
열무김치 겉절이 사이사이마다
고추잠자리 날아오르는 연습만 거듭하고
머리를 감으면 마른 수건으로 자라난다
돌아 눕히면 푸른 창공을 넘보던
미지의 땅이
뿌리사슬에 똘똘 뭉친다
물조리에서 비가 내리면
장님 별들은 하늘을 헤매고
계절을 심어주고 가꿔온 산과 들은
오줌싸개 구름아이를 재미있게 놀게 한다
건강만 챙겨주던 그 여인의 등이 굽으면
파스의 넓이만한 치료제가
달덩이를 찾아 집으로 나선다

감따기

모자와 마스크와 장갑에 내 일부를 맡기고
장대의 무게를 들고 떠돌이가 된다
내 얼굴은 이미 우주에 둘러싸인다
땅에도 바구니에도
독특한 감식초로 분칠을 한다
텃밭에도 어깨에도
쿵 펑 퉁
이마가 터져도 끈적끈적
입이 찢어지게 번져가는 오후의 시간
퍽퍽한 그의 목소리
가을에만 들리는 절개의 반쪽이 감나무 가지처럼 휘어진다

하늘 유방을 받아라

지진

시간의 몸무게를 줄여라
건물이 조각낸 재건축
어둠속의 여진이 균열로 부화한다
버섯마을이라도 생기면 다행이지만
아무리 막고 운반선에 싣고
상처가 눈물을 말려도
인맥과 자산은 꿈틀댄다
활극이 난무하는 경마장으로
법원 경매장으로
언제 부러질지 모르는 나무토막 소리
옆으로 누워 봐도 맑지 않은 우울

그런 걸 알면 충실하라
오늘에게

여름 더위

폭염은 언제나 이글이글 지글지글 서로의 눈을 부라
린다
그래도 맞불을 놓아야 여름은 무사하다

여름은 집 안팎이 갤러리다
입체에서 벗어나려면 몸을 일으켜
오리처럼 물을 향해 유유히 흘러가야지
물을 만난 물고기처럼
수영 선수처럼 물에 맞서 달려가야지
추락을 받아주는 넉넉한 품으로 뛰어내려야지
산을 오르지 못한 바다처럼
수험생처럼 한 문제 한 문제 풀어가야지

바위 틈새마다 콧날을 더듬어
문장에 새겨 넣어야지

개미의 건강 걱정

햇빛과 어둠이 몰려온들
달빛과 별빛이 쏟아진들
땅을 파며 살아가는 우리에게 무슨 낭만이 있으랴
떡갈나무가 떡고물을 먹게 했더냐
엄나무가 팔다리를 낫게 해주었더냐
가냘픈 허리만 만족이 아니었더냐
MMA다 미끄럼 방지제다 우레탄이다 해서
공해로 어지럽기만 하고
곳곳이 딱딱해서
이빨마저 점점 상하니
세상은 이 없이 잇몸으로 사는 틀니 세상이 되었구나
썩어가는 고목나무 신세만지니 부끄럽고
진딧물마저 어쩌다가 어렵게 만날 판이니
이사만 자주 다닐 판이니 별도리가 없구나
어린시인이 많이 생겨나야 솔바람 불어올 텐데
기분이 좋아야 기운이 생길 텐데
클래식이니 왈츠니 용어를 모르니
오케스트라 연주에 맞춰 형색을 내자니
눈부터 아른거리니 제 눈에 안경이 필요하구나

개구리 울음

개구리 울음 소리가 잠을 깨우더니
개천에 가득 찼네
흐르다가 끝내는 목이 메이네
여름 개천이 울음바다
나에게도 슬픔이 있었는데
같이 울어보자
몽유병 화병 뱉으며 울어보자
밤마다 꿈을 꾸던 별들도
덩달아 눈물을 흘리네
마음이 통하면 울음도 많아지네
속이 시원하면
여름날도 시원하지

안산 문화광장의 여름날

뼈 있는 사자성어가
여유 있는 시간을 보내고 있다

파란 잎 피우면 빨간 잎 피우고
또래또래 생기가 넘친다

감나무 몇 그루가 지루하지 않으려고
여기저기 바라보며 자리를 지킨다

누가보건 말건 폭염 속에서도 열애하는 배롱나무
얼마나 다급했을까 아이를 주렁주렁 낳았네

빈둥지증후군

바람 잘날 없는 고잔 벌판에도
8월의 무더위를 피해 갈 수 없는지
바람을 기다리는 나무들이 나른하다
점심시간이라 챙겨온 음식으로 장소를 찾고
신문지를 깔고
갈색 솔잎이 깔린 소나무 밑에서
그늘을 맞아 앉았다
햇빛은 그늘만 피해 다니고
어제 신문을 읽다 말고
책 몇 페이지를 넘기다 말고
하품과 눈물이 나와서
내 몸은 낮잠으로 범벅이 되어
이겨내지 못하고 참으려고 하면 힘들어
잔꾀를 빈둥거려 보았지만

집이 없는 새는 점심시간이 끝나자마자 날아간다

수염 수리새

눈과 얼음
해발 4,000m가 넘는 고산지대에도
어미가 품어주는 새끼는 탄생의 기쁨을 누린다
뼈가 뼈로 보이지 않는 먹이감
산을 쪼아대는 생명력
계곡을 서성거리면
찬바람이 몰려와
허브향을 선물하고 가더라
설산을 넘나드는 빙하의 혀
황량한 능선으로
빙하의 걸음걸이로 이동한다

부산 해운대

햇빛 한 움큼 모래 한 움큼
낱낱이 기록하는 밀어
비밀을 풀어놓는다
바다의 거친 숨소리 들리자
하늘이 내려와서 자리를 잡는다
해가 저물도록
바다와 시간을 보낼 작정이다
조개껍질은 언제 쓸고 가려고
한가하게 해변을 즐기는가
물결 얼굴이 화끈화끈
파도는 한 줄씩 두 줄씩
파라솔꽂이에 세월을 꽂는다

나교수 어학원

詩山 나용준 회장님의 서울 신촌 나교수 어학원에서
이수화 시인님의 지도로 초심으로 둘러앉아 시공부를 한다
회원님 참여로 토론 방식이라 가벼운 분위기가 좋다
주제가 山이라 詩心이 귀에 솔깃하다

남원 추어탕으로 저녁을 먹을 때는
신촌 로터리 네온사인이 출렁이고
과일처럼 익은 추어 튀김이
두툼한 외투를 입고 우리를 반긴다

우리가 뿔뿔이 헤어진다 해도
또다시 추상의 세계에서 만나리!

보석상자

보석상자란 큰 것이건 작은 것이건
우리 마음을 빼앗아 간다
장롱 안에 있어도
비밀 창고 안에 있어도

너무 빛나면 남이 알까봐
더 깊이깊이 감추게 된다
처음에는 가격에 눈이 멀어 넣어둔다
나중에는 분별력을 상실하며 넣어둔다

결코 빛날 수 없는 보석상자
우리와 친할 수 없는 보석상자
그래도 갖고 싶은 보석상자는
인생살이의 유혹이다

도토리 묵

도토리 줍던 산들이
솔전으로 모여든다

헤어진 친구가 찾아와서
우정을 나눈다

취미대로 살아가던 지난날
도토리묵으로 다시 어울리네

내 수저 저어주는
도토리묵 한 그릇

짙은 혈색이 감돌며
유구한 행로를 말해주네

누가 도토리를 알아줄까
아이 같은 얼굴을

청설모 벗었더니
방한모 생겨났네

물왕리 장어집

사위와 딸과 물왕리 장어집으로 갈 때
어둠과 가로등이 따라 다니네

셀프가 풍성하니 눈이 맑아지네
어깨 너머에도 밝은 달이 뜨네

이럴 땐 오작동 스위치가 톡톡치네
배가 부르면 배고플 때가 생각나는 법

느림보 황소 눈으로 창밖을 바라보네
수다스런 분위기 귀찮다는 듯이

물왕리 저수지도 낚시꾼도 고요에 묻히고
부근 나무들마저 방향 감각을 잃고 서있네

쌍꺼풀 수술

잠자리 날개가 유난히도 넓어지고
오색찬란한 빛이 나를 덮는다

똑딱똑딱 시간이 탁구를 친다
훌쩍훌쩍 허공으로 배구를 친다

내가 좋아한 노래가 흘러나오고
밤에 못 보던 뜨락이 보인다

오지 않는 잠을 자라고 내리친다
끌려갈지 끌고 갈지 알 수가 없고

창을 만드는 목수의 손이 파르르 떨며
연장을 찾아다닌다

내 눈동자는 올빼미 만나러 가고
내 침대는 세상 밖으로 가고

망각이 탈출구를 막고 나니
반달만이 좋은 시절을 만났네

문주란 꽃

문주란 씨앗은 바다를 건너간다
모감주나무를 찾아서

스스로 번식 하려는 씨방을 도와
나비처럼 날려 보낸 정박

데굴데굴 굴러가라 식물이 가야 할 군락지로
무게를 이겨 내기 위한 꽃대로 감당하라

물속 깊이 뛰어내리지 말고
영토를 확장하기 위해 물을 길러라

정착한 시야에서 벗어나지 말고
끝까지 진가를 발휘하라

생명을 보존하기 위해 옮기는 것은 좋은 일
특별한 자리는 피하라

열매가 익을 때까지 자외선을 막으며
기생 식물이 되지 말아라

목욕탕

같은 듯하면서도 다르고
다른 듯하면서도 같은 나신들

화원에 물을 뿌리다가
호르몬이 반 브레이크를 잡으며

여자의 마음도 어느새
남자의 마음을 엿보는 듯이

균형 잡히고 표준형인 몸매는
고구마 다리 나간 후에
상냥하게 들어와서 목욕하시구려

샤워기는 쏴아쏴아
인터뷰 달인이군요

올갱이 잡기

충청도 땅 시골 땅
개천 길이는 알지 못해도
산마다 나무가 우겨진 것을 알 수 있다
우리 일행이 지나가니 모두 길을 비킨다
추억을 지키려면 이 밤도 잠잘 수 없다
우리는 각오한다
올갱이 잡으려고 일행이 개천으로 나가고
돌틈에서 물과 싸운다
먹는 재미보다 잡는 재미에 빠져
물에 빠진 줄도 모른다
돌멩이 점박이 참새처럼 모였네
돌멩이에도 여드름이 났네
물가 텐트 속 깨우려고
새벽을 알리는 매미소리 맴맴맴
올갱이만 전부냐
흙더미 무너지네
몸에 붙은 거머리
흡입력도 강해라

<작품해설>

우주를 마음대로 드난하며 가슴에 바다와 산을 들여놓고 사는 시인

김 순 진(시인 · 문학평론가)

우주를 마음대로 드난하며 가슴에 바다와 산을 들여놓고 사는 시인

김 순 진(시인 · 문학평론가)

그동안 수 없이 많은 사람들의 시평을 썼다. 아마도 200여명 쯤 될 것 같다. 그렇게 많은 시평을 쓰면서 즐거움과 괴로움이 동반했다. 시가 좋을 때는 일필휘지 단박에 시평이 써지고, 시가 좋지 않은 사람의 시평을 쓸 때는 이런 저런 고민에 싸여 스트레스를 받게 된다. 그러나 어쩌랴, 그 사람과 연결되어 시평을 써야 하는 평론가가 된 것을.

그런데 이번의 경우는 다르다. 강복연 시인의 시평을 쓰려니 "어찌, 이런 세상이 다 있을까?" 눈이 휘둥그레 떠진다. "아니, 세상에나, 이런 사람도 있네." 저절로 감탄사가 연발해 터진다. 강복연 시인을 만난 것은 불과 10번의 인연도 되지 않는다. 필자는 풀잎문학회 회장을 맡아 수고하고 있는 이윤수 시인의 부탁을 받고 안산의 고잔2동 "나도 글을 쓸 수 있다"라는 단기 프로그램에 강의를 가서 강복연 시인을 만났다. 지친 인생살이 탓일까? 고생을 많이 해서 그럴까? 건강에 문제가 있었던 것은 아닐까? 나이보다 들어 보이는 차림과 어투의 강복연 시인, 그러나 그녀는 가슴에 너무나 푸른 세상을 간직하고 있었다. 하얗게 부서지는 파도와 바다를 들여놓고, 푸른 벌판과 새소리, 물소리 우거진 산을 가슴에 들여놓고 사는 강복연 시인에게서 나는 천사를 발견했다. 늘 스스로를 낮추고, "교수님, 아무리 바쁘시더라도 다니실 때 안전운전하시고 건강에 유의해주세요."라는 부탁을 잊지 않는 강복연 시인에게서 나는 혈육의 정을 느낀다.

이렇게 훌륭한 시를 쓰는 강복연 시인은 아직 스스로를 시인이라고 말하지 못한다. 왜냐하면 누구 하나 그녀의 등단을 주선해주지 않았기 때문이다. 그래서 나는 이 시집의 출간과 더불어 내가 발행하고 있는 계간 <스토리문학> 2017년 봄호에 그녀의 등단을 추천해주기로 했다. 그녀는 충분히 시인이 될 자격이 있기 때문이다. 시집을 편집하는 과정에서 등단에 필요한 시 몇 편을 따로 빼놓았다. 여기에 든 시편들도 너무나 훌륭해 무릎을 치게 하지만, 그 시는 혀를 내두를만한 시편들이기에 이제 강복연 시인을 등단시킨다 해도 아무도 이의를 제기하지 못할 것이다.

컴퓨터도 할 줄 모르고, 스마트폰을 가지고 있지만 밴드나 카카오톡을 잘 사용할 줄 모르는 강복연 시인, 손글씨로 시를 쓰는데다가 아직도 고향의 언어를 탈피하지 못하고 사투리를 심하게 쓰고 있는 강복연 시인이 내게 시집을 내고 싶다고 했을 때, 나는 사실 속으로 "시집을 내줘야 하나 말아야 하나"하는 큰 고민을 하고 있었다. 그래서 무려 300여 편이나 되는 육필원고 상자를 받아들고 타이핑을 해야 하는 중압감에 그리 기쁘지 않았다. 그러나 아들에게 알바를 시켜 타이핑을 맡긴 지 며칠 후 잘 타이핑된 원고를 받아들어 검토하기에 이르렀을 때, 나는 그만 아연실색하고 말았다. 그녀의 시는 내가 몇 년씩 가르친 여느 시인들보다 훌륭했다. 시제에 따른 주변의 언어를 전혀 채택하지 않고도 충분히 그 시제를 에둘러 표현해내는 능력을 보고, 나는 "이 분은 천상 시인이구나, 천재 시인이구나."라는 생각을 해본다. 중학교 졸업이 공부의 모두라는 시인에게서 나는 인생공부가 참 공부라는 말을 실감한다.

보통 사람들은 사과라는 시를 표현하기 위해 '빨갛다, 쪼개다, 새콤달콤하다. 반쪽' 등과 같이 사과 주변에 산재해있는 시제들을 끌어들여 사과의 정의를 내리기에 급급하다. 남대문이란 시를 쓰기 위해 남대문 근처에 도사리고 있는 '조선왕조, 500년, 불타다, 역사' 등의 시제들을 사용하여 불난 남대문을 설명하는 것에 준하는데 반하여 강복연 시인의 시는 완전히 딴청부리기 비틀기 낯설게하기를 실현해서 독자로 하여금 생경하면서도 신선한 느낌을 받게 한다.

그럼 이쯤에서 강복연 시인의 시 몇 수를 찬찬히 읽어보면서 그녀의 시세계를 여행해보자.

소실점에서 담뱃대를 물고 잔설을 밟으며
단원 김홍도 화백님이

안산 중앙역이며 고잔역 사이로
폐 협궤열차 노변을 걸어 나오신다

달라진 변화며 찾기 힘든 대로변과 번지라서
오솔길이 아니라 이슬 내린 길도
아름답게 걸을 수가 없다 하신다

단원미술관을 방문하시며 깜짝 놀라신다
시대가 변하고 산천이 유수한데
지금도 사랑해주고 잊지 않아서 감사의 눈물이 흘러서
후손조차 분간하기 어렵다고 하신다

더 살다 가실 의향이 없으신지 묻자
불빛에 별빛을 분간 할 수가 없고
컴퓨터며 스마트폰이 너무 복잡해서
별로 반갑지 않다 하신다

어차피 인생은 나그네길
앞서거니 뒤서거니 따라 오라 하신다
시절에 알맞게 시대를 살다 가는 것이야 말로
현자의 할 일이라고 혈혈단신 하신다

- 「단원 김홍도 화백」 전문

안산은 진경산수화가로 유명한 단원 김홍도의 고향, 실사구시 실학파의 거두 성호 이익의 고향, 소설 『상록수』 채영신(실제인물 최용신 전도사)의 고향으로 유명하다. 그 중에 강복연 시인은 단원미술관에 대하여 쓰고 있다. 김홍도의 호는 사능(士能), 단원(檀園), 단구(丹邱), 서호(西湖), 고면거사(高眠居士), 취화사(醉畵士), 첩취옹(輒醉翁) 등으로 여러 가지다. 김홍도는 당대의 감식가이며 문인화가인 강세황(姜世晃)의 천거로 도화서화원(圖畫署畫員)이 되었다. 29세인 1773년에는 영조의 어진(御眞)과 왕세자(뒤의 정조)의 초상을 그렸고 1781년(정조 5년)에는 정조의 어진을 그려 찰방(察訪)을 제수받았다. 이 무렵부터 명나라 문인화가 이유방(李流芳)의 호를 따라 '단원'이라 자호하였는데 그는 산수·도석 인물(道釋人物)·풍속·화조 등 여러 방면에 걸쳐 뛰어난 재능을 발휘하여, 당대부터 이름을 크게 떨쳤다. 각설하고, 강복연 시인은 "소실점에서 담뱃대를 물고 잔설을 밟으며 / 단원 김홍도 화백님이 / 안산 중앙역이며 고잔역 사이로 / 페 협궤열차 노변을 걸어 나오신다"고 말한다. 이를테면 김홍도 화백이 살아서 걸어 나온다고 말하는 것이다. 실제로 예술가는 작품을 통해 영원히 산다. 김홍도 화백이 '단원법'이라 불리는 보다 세련되고 개성이 강한 독창적 화풍을 이룩한 진경산수(眞景山水)는 금방이라도 단원이 숲속에서 나올 것만 같다. 그런 김홍도 화백이 단원미술관에 오시면서 "달라진 변화며 찾기 힘든 대로변과 번지라서" 헷갈리고 "오솔길이 아니라 이슬 내린 길도 / 아름답게 걸을 수가 없다 하신다"니 정말 기발한 생각이다. 게다가 "단원미술관을 방문하시며 깜짝 놀라"며 "시절에 알맞게 시대를 살다 가는 것이야 말로 / 현자의 할 일이라"고 말하신다. 그러나 이것은 강복연 시인의 삶에 대한 태도다. 그렇다면 강복연 시인이 말하는 "시절에 맞게 살아가는 것"이란 무엇일까? 나이에 걸맞게 옷을 입고 사는 것일까? 계절에 맞게 먹고 사는 것일까? 아니다. 아니다. 시류에 맞게 풍류를 즐기며 사는 것이다. 강복연 시인처럼 나이를 잊고, 걱정을 잊고, 나라의 어지러운 시류를 잊고 꽃 피는 봄이 오면 꽃을 보고, 녹음 짙은 여름이 오면 그늘을 즐기며, 열매의 계절을 감사하며, 혹독한 추위에 대하여 견디며 사는 것이 시절에 맞게 사는 것이리라.

올해 100세
우리 어머니 밑창에 불알이 달렸네
90세가 넘으셔도 목욕을 같이 하자고 하면
한사코 뿌리치시더니
100세가 가까우니 허락하시네
늘 할 말만 하시며
병원 가기 싫어하시던 어머니
색안경이 몰카라 살피고 살피다가
얼마나 아프냐고 묻고 물었더니
아프지 않다며
오히려 나를 위로 하시네
아기 낳고 생긴 혹이라고
담담해하시는 어머니
핑 도는 눈물을 참을 수가 없었네

-『어머니 불알』 전문

가끔 이런 사연의 시를 읽을 때마다 가슴에 뭉클하다. 언젠가 한 여류시인이 이런 시를 써내서 가슴아파한 적이 있다. 「친정엄마를 목욕시켜 드리다가」 라는 시였는데, 이 시를 지은 박 시인은 엄마가 고생을 너무 많이 해서 자궁 근육이 약해져 견디다 못해 탈장된 이야기를 쓰면서 울었다고 했다. "젊어서 소금가마니며 남자도 힘든 벽돌 나르던 일에 / 혹사당한 몸에 음부까지 무너져 내린 여자의 일생"에 관하여 시를 썼던 박승연 시인이나 「어머니의 불알」 에 대하여 쓴 강복연 시인이나, 참 사람 사는 맛 나는 시를 쓰고 있다는 생각이 든다. 시라는 것은 이렇게 숭고한 것이다. 어쩌면 부끄러운 어머니의 비밀에 대하여, 그러나 생명의 소중함과 인간사의 비장함에 대하여 시를 쓰는 것은 가장 시인다운 행위가 아닌가 생각한다. 나는 지난날 「세상에서 가장 귀한 비눗방울」 이란 시를 쓴 적 있다. 열여섯 살 때 엄마가 돌아가시기 전, 똥을 눌 수가 없어 너무 고통스러운 나머지 아들인 내게 말씀하셨다. "애, 큰애야. 가서 세숫대야에 비눗물 좀 풀고 밀집 몇 개 뽑아가지고 오련."라고 말씀하셨을 때, 어린 나는 "왜요" 하고 반문했다. 그때 어머니는 "열여섯 살이면 옛날 같으면 호패 찰 나이야! / 비눗물을 입으로 빨아 어미 항문에 넣어주련?"라고 말씀하셨다. 그때 어린 나는 비눗물을 입으로 빨아 엄마의 항문에 넣어드렸고, 엄마는

토끼똥 같이 까만 알갱이 똥을 누었다. 나는 엄마와의 이런 비밀을 아무에게도 말하지 못하고 마흔 살이 넘도록 가지고 살았다. 그러던 어느 날 이모님과 이야기를 나누게 되었는데, 그런 이야기를 하면서 "시로 써도 될까요."하고 여쭈니, "얘, 너는 문학을 한다는 사람이 그런 것도 모르니? 그게 가장 숭고한 문학이 아니겠네?"라시며 문학의 문(文) 자도 모르시던 이모님은 나를 야단치셨다. 그렇다. 문학이란 평범한 이야기를 쓰는 것이 아니다. 그냥 밥 먹고 똥 누는 이야기가 아니라 너무나 가난한 나머지 풀떼기죽만 먹어 똥구멍이 찢어진 이유에 대하여 쓰는 것이다. 수많은 사람들이 멋진 곳으로 여행을 가고, 레스토랑에서 맛있는 것을 먹었다고 밴드와 카카오스토리, 페이스북에 올려 자랑을 하지만, 그것은 자랑이 되긴 할 뿐, 감동을 주지는 못한다. 그러나 이러한 꺼내기 힘든 이야기에서 우리는 삶의 의미를 발견하게 된다. 그런 면에서 「엄마의 불알」이라는 지극히 존엄한 소재에 대하여 써주신 강복연 시인에게 감사한다.

①

배꼽 잡고 웃을 일이 분명히 있을 것이다
생각이여 잠에서 깨어나라
우주에 가보지 않았으니
우주를 지구로 데려 와야겠다
뚝딱뚝딱 몇 번만 내려쳐라
만화책 몇 권이면 된다

(중략)

우리만 즐기기엔
너무 아쉽지 않은가

– 「지구가 우주에 서다」 부분

②
하늘도 바다도
어둠이란 큰 천으로 덮어버린 후
국제우주정거장으로 달려갈 거야
바위가 신기루 산을 만들고
오로라가 펼쳐져서
여성 가슴처럼 둔갑한 요염이
드레스 자락을 잡아 흔들며
천체를 둘러싸는
(중략)
유성우와 은하수가 동반한 은하의 강으로 갈 거야
오로라를 빌어 신의 영혼을 춤추게 한
좌우의 행복을 빌며
파르르 떨리므로 민감해지는
깊은 의미를 읽으며
화려한 보금자리 정착시킬 거야

– 「나만의 밤하늘」 부분

무릎을 칠 일이다. 강복연 시인은 우주를 마음대로 드나든다. 그의 가슴에는 이미 우주처럼 광활한 공간이 트여있기 때문이다. 인간은 우주다. 지금까지 내가 먹어온 밥풀의 숫자를 우리는 헤아리지 못한다. 내가 걸어온 발자국의 숫자는 또 얼마인가? 게다가 우리 입에서 튀어나온 단어, 음절의 숫자는 얼마이며 내 몸에 난 세포의 길이는 얼마인가, 우리가 대대로 이어온 조상의 DNA는 우주의 광활함과 견줄 수 있다. 고로 우리는 우주다. 위의 따옴시 ①"우주에 가보지 않았으니 / 우주를 지구로 데려와야겠다."는 시적 사고가 기발하다. 만화책 몇 권이면 우주를 데려올 수 있다는 상상에 무릎을 친다. 맞다. 우리는 너무나 많은 것을 가졌다. 우리의 생각 속에는 없는 게 없다. "우주를 덮어버릴 나무를 심자"는 시인의 생각이 얼마나 참신한가? 영화 <설국열차>에서 '설국열차'가 달리기 위해 필요한 것은 레일이 아니다. 설국열차를 가능케 하는 스토리다. 자급자족하며 부르조아칸과 노동자칸과 빈민칸이 있다는 스토리를 구성하지 못하면 아무리 설국열차가 있다손 치더라도 출발시킬 수 없다. 그런데 강복연 시인은 우주를 지구로 데려오기도 하고, 우주를 덮을 나무를 심자고 제안하기도 한다. 상상력은 맹탕 무능한 것이거나 무의미한 것이 아니다. 이룰 수 있는 상상력은 이미 상상력에서 벗어나 일상이 되고 마는데, 금방 이룰 수 없는 상상력만이 우리에게 꿈으로 존재하는 것이다. 따옴시 ②에서 강복연 시인은 하늘과 바다를 마음대로 덮는 신적 존재로 군림한다. 시인에게 우주정거장은 먼 미래나 불확실성이 아니라 아무 때고 갈 수 있는 곳이며, 지금이라도 당장 실현 가능한 확실성이다. 강복연 시인은 이 시에서 여성 가슴, 포유류를 등장시킨다. 왜일까? 물론 본인이 그렇게까지 상상하면서 이 시를 썼는지는 모르겠지만 나는 '여성 가슴'과 '포유류'의 등장은 우주만물의 모든 것을 생성시키고 기르는 것 자체가 여성의 행위로 본 시인의 내면세계가 존재하고 있다고 본다. 그래서 나무를 기르는 땅의 행위까지도 포유류의 범주에 넣었다고 생각한다. "유성우와 은하수가 동반한 강으로 갈" 것이라는 시인, "오로라를 빌어 신의 영혼을 춤추게 한" 시인은 아마도 없을 것 같다. 그만큼 시인의 정신세계는 다양하고 드넓어서 그 정신세계야 말로 스스로 정착시키려 한 "화려한 보금자리"라고 보여진다.

밤잠이 들기가 무섭게
모기는 귀에다 대고 우물을 파기 시작한다
친구와 모여 한탕 놀고 마시는 노래의 달인
따끔따끔 피고인 우물
물보다 짙어 건강해진 모기 몸매
이목구비 뚜렷하여 잘 생겼구나
밤은 언제나 모기의 찬가다
사랑은 때로 모기를 쫓아낼 궁리는 않고
감격할 때가 더 많았단다
모기와 합작한 친교를 알지 못하므로
원칙에서 벗어나는 것은 약자가 할 일

내 마음을 깨울 모기는
어디서 어디까지 생각을 풀어줄까
모기소리는 내 귀에 들리기 위해

어둠을 뚫고 지난다
이 세상 모든 소리는 내 귀에 들리기 위해
수많은 장애물을 견디며 작아진다
새소리나 물소리 총소리마저도
자신의 목소리에 근면하다

– 「소리의 근면성」 전문

바퀴벌레, 모기, 파리, 쥐, 뱀, 지렁이, 거멀이, 기생충 같이 혐오스럽거나 징그러운 동물은 불쌍하다는 생각이 든다. 또 얼마나 고통스러운 삶을 살아갈까 생각해본 적이 있다. 그런데 그것은 인간의 잣대다. 모기는 사람이나 동물의 피를 빨아먹으며 살아가야 하기에 인간에게 위해동물로 구분된다. 그렇지만 모기는 종족의 번식을 위하여 그 큰 손뼉을 피해 죽음을 각오하고 날아다닌다. 만일 모기에게 '윙'하고 날아오는 소리마저 없었다면 인간은 속수무책 당하고 말 것이다. 다행히도 모기는 자신의 침투를 알리며, 다시 말해 선전포고를 하면서 공격한다. 파리는 우리의 음식을 먹기 위해 두 손을 싹싹 빌며 조금만 먹겠다고 사정을 한다. 그런데 우리는 모기와 파리의 사정을 봐주지 않는다. 모기가 모기소리를 내기 위해서는 열심히 날개를 저어야 한다. 그래야만 소리가 날 수 있다. 그런 「소리의 근면성」에 대하여 생각해낸 시인의 혜안이 놀랍다. 접시가 바닥으로 떨어지면서 쨍그랑 하고 깨졌다고 하자. 그 소리는 나는 접시였다는 것을 죽음으로 말하는 것이다.

풀밭에 맨 소의 울음소리가 '음매'하고 내 귀에 들려왔을 때, 농부는 목이 마른가, 집으로 들여 맬 때인가에 대하여 판단한다. 말하자면 소리라는 것은 총소리에서부터 물소리, 새소리까지 상대방의 귀에 전달시키기 위해 지속적이고 부지런한 마음으로 그 소리의 음가를 유지하며 날아가야 한다는 것이 강복연 시인의 생각이다. 어떤 절벽이나 문에 부딪치면 그 소리는 근면해도 근면성을 인정받을 수 없게 된다는 말이다. 엊그제 지하철에서 경험한 이야기다. 지하철3호선 독립문역에서 정차할 때 구내 아나운서가 긴급한 목소리로 방송을 했다. "승객 여러분께 안내의 말씀드립니다. 지금 화재경보기가 울리고 있"이라고 구내 아나운서가 말을 하는 중에 전철의 문이 닫혔다. 그리고 내가 탄 전철은 홍제역을 향해 출발했다. 나는 왜 화재경보기가 울렸는지, 실제로 불이 난 건지에 대하여 알지 못한다. 왜냐하면 나를 실은 전동차는 문을 닫고 다음 역을 향해 출발했으므로, 아나운서의 목소리는 목소리로서의 역할을 다 해내지 못하고 태만한 태도를 보인 것이다. 그렇다면 살펴보자. 시냇물이 졸졸졸 소리를 내기 위해 얼마나 작은 양으로, 얼마나 작은 자갈 위로 흘러야 하는가. 물이 조금만 많아지면 '졸졸졸'이란 소리는 사라지고 '쏴아아'란 소리로 바뀌고 만다. 그러니까 모기가 모기 소리를 내지 못하고 늑대소리를 내게 된다고 가정할 수는 없다. 따라서 시냇물은 시냇물소리인 '졸졸졸'을 유지하기 위해 매우 다양한 환경을 아우르며 부지런하다. 모기가

'윙' 하는 소리를 내기 위해서는 적당한 어둠과 더위와 불쾌지수를 동반해야만 하는 것이다. 그러니 소리는 모두 근면하다는 강복연 시인의 발견은 어찌 보면 신대륙을 발견한 것처럼 위대해 보인다.

당신은 오늘도 곤드레만드레 여보다
오른손에 과자 음료수 우유
왼손엔 소주 6병
신랑이 옆 눈 파는 사이
아내는 소주병을
세탁기 빨랫감 사이에 감춰버렸다
화낸다고 여자의 일생이 달라지랴
깜박 잊고 돌린 세탁기가
덜커덩덜커덩 한다
옷 사이사이 유리 파편
세탁기 구석구석에도 박혀
별이 빛나는 밤이다
잠든 어린 장남을 깨워서 해결 방법을 묻는다
"엄마 걱정 하지 마세요. 제가 처리할 게요"
청소기를 들고 오더니
번도질을 하며 헤헤헤 웃으며
관심을 닦아낸다

- 「세탁기도 한 잔」 전문

흔히 있을 법한 이야기다. 신랑이 사온 술을 세탁기에 감추었다가 세탁기가 돌면서 모두 깨졌나 보다. 빙그레 웃음을 자아내게 하는 시다. 탁기에다 지갑이나 돈을 넣고 돌리는 건 다반사라지만 소주병을 무려 여섯 병이나 넣고 돌렸다니 웃음이 난다. 그런 와중에서도 세탁기 구석구석과 옷 사이사이에 깨진 유리조각이 박힌 것을 두고 시인은 “별이 빛나는 밤”이라며 그 틈에도 낭만과 해학을 잃지 않는다. 남편들의 심리는 마신 술이 조금 모자라는 것도 같고, 집에 들어와 할 변명이 없으므로 소주에 의존하고 싶은 마음도 있는 건데, 한 병도 안 주고 모두 빼겨버린 것에 조금 서운함이 들기도 한다. 그래도 남편이 소주만 사들고 온 것이 아니라 오른손에 과자와 음료수, 우유를 사들고 온 것에 위안을 삼는다. 차마 소주 6병을 다 마시려고 사들고 들어온 것은 아닐 것이니 변명 같지만 남편들을 그리 심하게 몰아붙이지 말아달라는 당부도 하고 싶다. 아무튼 세탁기가 마신 소주 여섯 병 때문에 “엄마 걱정하지마세요 제가 처리할게요.”라는 아들의 든든한 지원을 얻었으니 엄마로서 힘이 나는 대목이기도 하다. 사람들은 시의 소재를 거창한 아름다움에서 찾으려 한다. 나이아가라 폭포나 만리장성에서 찾을 수 있는 것은 인간의 나약함뿐이다. 그러나 길가 보도블록에 핀 민들레, 강아지풀, 씀바귀꽃을 들여다보면 우리는 그렇게 힘든 상황에서도 기어이 꽃을 피어내고 꼬리를 흔들어대는 강아지풀의 낙천성에 대하여 발견하게 된다. 깨진 소주병의 짜증스러움보다 ‘별이 빛나는 밤’이라는 시인의 낙천성이 우리 소시민들의 삶를 끌고 가는 것이다.

엘리베이터를 탔다
뒤이어 초등학생 쯤 된 아들을 데리고
다른 아주머니가 탔다
그 아들은 옷 차람이 코트에다
머리는 곱슬이고 얼굴은 약간 길다
나를 쳐다보더니 다가와
싱글벙글 웃으며 내 손을 잡는다

내가 따라 웃자
"아줌마! 몇 살이에요?"
"10살"
"나는 7살인데"
초등학교 때 성장판이 닫힌 나는
그 아들이 얄밉지 않았다

그 옆에 내 아들이 있었더라면
어떤 표정이었으며
따라 웃었을까 생각하며 혼자 멋쩍었다

- 「낯선 아들」 전문

엘리베이터 안의 풍경이 화사하다. 일곱 살짜리 어린 아이가 강복연 시인에게 묻는다. "아줌마 몇 살이에요?" 보통 사람들 같으면 제 나이를 말하거나 대답하지 않을 것이다. 그런데 강복연 시인은 별 고뇌 없이 "10 살"이라고 대답한다. 시인의 말처럼 그녀는 초등하교 때 성장판이 닫혔다고 한다. 그래서 키가 150Cm 조금 넘을 정도밖에 안 된다. 그런데 이 세상에서 키가 작아서 못

했다는 말은 없다. 우리나라의 전봉준, 강감찬, 박정희나 외국의 나폴레옹, 피카소, 마라도나도 모두 키가 작은 사람들이다. 그러나 그들은 모두 시대를 풍미했고 우리의 가슴속에 살아있는 영웅이 되었다. 키가 크면 남보기가 좋아 보이기야 하겠지만 키로 세상을 사는 것은 아니다. 키 크고 싱겁지 않은 사람 없다는 말도 있다. 그 말이 나쁜 뜻은 아니지만 키 큰 위인은 그리 많지 않다는 말로도 들린다. 사람의 마음이 얼마나 넓은 가가 세상을 바꾸는 힘이지 결코 키로 세상을 움직이지는 않는다. 아줌마는 몇 살이냐고 묻는 어린이의 질문에 열 살이라고 말할 수 있는 사람은 그리 많지 않다. 그만큼의 동심을 가졌다는 이야기다. 나는 돈이 많은 사람 부럽지 않다. 동심을 많이 가진 사람이 부럽다. 어린이 같은 생각을 가진 사람이 부럽다. 한참동안 들꽃을 들여다보는 사람, 잠자리의 눈이 왜 이렇게 생겼을까? 날개는 왜 이렇게 속이 다 비치며 어깨에 조금만 붙어있는데 아프지는 않을까? 그런 궁금증을 가지고 있는 사람이 부럽다. 어떻게 하면 남의 주머니에 든 돈을 내 주머니에 채워 넣을까에 고민하는 사람은 부럽지 않다. 돈이 많으면 좀 생활이 윤택해질 수야 있겠지만, 동심이 없는 사람의 얼굴에는 미소가 사라진다. 우리는 동심을 많이 가진 사람의 눈이 얼마나 맑은 지를 본 적이 있을 것이다. 이 세상은 돈을 많이 가진 사람이 부자인 것처럼 보이지만 사실은 동심을 많이 가진 사람이 가장 부자인 것이다. 개미의 행렬을 바라보라. 강아지풀의 하늘거림을 오랫동안 응시하라. 개나리가 그 거친 땅에서 어떻게 그렇게 노란 꽃잎을 밀어 올리는지 궁금해 하라. 그러면 그 순간은 모든 것을 잊고 행복해질 수 있다.

전단지를 떼면서 먹고 살고
전단지를 부치며 생계유지 하는 사람
가벼운 무게 무거운 무게
어지러워도 나무랄 수 없는 길거리에서 벽에서
딱지치기하기 힘들자
바람이 달려와 도와주려고 애쓴다
말을 시켜보다가 내용을 읽어보다가
먼지만 스치자 다시 떠난다
좌절은 없다
매출이 늘어나기 바라는 밤낮이 고아다
땅에 떨어지지 못한 사회가 조바심하며
열린 가게로 거침없이 들어간다
근거리 원거리를 한 아름 안고

- 「협력은 무게가 아니다」 전문

최근 인천의 차이나타운에 다녀왔다. 그곳에는 삼국지 벽화거리가 있었는데, 나는 그곳에서 콩과 콩깍지에 대한 글을 보았다. "콩을 가지고서 국을 끓이니 받치고 걸러서 즙을 만든다. 콩깍지는 가마솥 밑에서 타고, 콩은 솥 안에서 우는도다. 본디 같은 뿌리에서 태어났건만 서로 삶아대는 것이 어찌 그리 급한가?"라는 글이었다. 한 뿌리에 나서 콩깍지는 콩을 끓이기 위해 가마솥 밑에서 불타야 하고, 콩은 위에서 끓어야 하니, 서로의 운명이 참으로 기구하다. 그런데 강복연 시인의 이 시 「협력은 무게가 아니다」 역시 같은 전단지건만 한 사람은 붙여야 먹고 사는 사람이고, 또 한 사람은 떼어야 먹고사는 사람이다. 그러나 아무도 알아차리지 못하는 그러한 특별한 상황을 발견하고 시를 쓰는 혜안을 가진 시인을 칭찬하고 싶다. 최근 이승하 시인이 제6회 스토리문학상 시상식 겸 계간 스토리문학상 시상식에 오셔서 시를 배우는 에피소드에 관해 말했다. 대학 때 구상 시인께 공부를 배웠는데, 구상 시인께서 첫 시간에 들어와 칠판에 '시(詩)'자를 써놓고 "이 자가 무슨 뜻인가"를 묻더란다. 어떤 뜻으로 물으시는지 몰라 아무도 대답하지 못하자 구상 시인은 말씀언(言) + 절사(寺)가 있는 말이라고 하시더란다. 나도 강의시간에 시(詩)자에 대하여 자주 말한다. 시란 절에서 쓰는 말인데, 절에서 쓰는 말이란 첫째 운치 있는 말, 두 번째 삼가는 말, 세 번째 성찰하는 말, 네 번째 예언하는 말, 다섯 번째 배려하는 말이다. 그러나 무엇보다도 시인(詩人)은 시인(視人)이어야 한다. 시인이 위 다섯 가지 방법을 잘 알고 있다손 치더라도 남과 다르게 볼 줄 아는 방법을 터득하지 못하면 진정한 시인이 될 수 없다. 시인이란 돋보기든 졸보기든 망원경이든, 색안경이든, 만화경이든, 잠망경이든 남과 다른 눈으로 볼 줄 알아야 하는데 강복연 시인은 같은 전단지를 가지고도 남과 다른 시야를 가지고 붙이는 사람과 떼는 사람의 고충을 헤아리는 것이다.

이상에서처럼 강복연 시인의 시를 몇 수 읽으며 그녀의 시세계를 들여다보았다. 우선 그녀의 시는 주제와 소재에 얽매이지 않는다. '무지개'란 시를 쓰기 위하여 보통 사람들은 비 오는 날, 날이 개다, 동산, 서산, 물안개 등 무지개와 관련된 시어들을 데려다가 무지개를 설명하려 드는데 반하여 강복연 시인은 무지개를 쓰면서 도화지를 꺼내 크레파스를 들고 그림을 그려나간다. 무지개 아치에다가 그네를 매고 그네를 뛰려 한다. 무지개다리 건너 사는 견우와 직녀를 만난다. 무지개가 들어간 땅속은 무지개색일 것을 짐작한다. 바꿔 말하면 남과 다른 상상의 나래를 펼치고 있다고 말할 수 있다. 강복연 시인에게 바위는 더 이상 단단하거나 넓은 것, 무거운 것이 아니라 태고의 신비를 담고 있는 보석인 것이다. 울산바위가 금강산에 가다가 설악산에서 주저앉았다는 전설처럼 바위를 스스로 걷게 하는 마력이 있다. 단순히 취미활동으로서의 시쓰기를 넘어서 새로운 세상으로 나가기 위한 시쓰기, 새로운 삶을 살기 위한 시쓰기, 지가구원으로서 시쓰기를 실현하고 있는 강복연 시인의 두 번째 시집이 자못 기다려진다. 시집 상재와 아울러 스토리문학 등단을 진심으로 축하드린다.

이 도서의 국립중앙도서관 출판예정도서목록(CIP)은 서지정보유통지원시스템 홈페이지(http://seoji.nl.go.kr)와 국가자료공동목록시스템(http://www.nl.go.kr/kolisnet)에서 이용하실 수 있습니다.

(CIP제어번호 : CIP2017001034)

강복연 시집

소리의 근면성

초판인쇄일 2017년 1월 20일
초판발행일 2017년 1월 25일

지은이 : 강복연
발행인 : 김순진
편집장 : 전하라
디자인 : 김초롱
펴낸곳 : 문학공원
등　록 : 2004년 3월 9일 제6-706호
주　소 : 우편번호 03382 서울 은평구 통일로 633
　　　　녹번오피스텔 501호 스토리문학사
전 화 : 02-2234-1666
팩 스 : 02-2236-1666
홈페이지 : http://cafe.daum.net/yob51
이메일 : 4615562@hanmail.net